40 coups de fouet pour un pantalon

Lubna Ahmad al-Hussein
avec
Djénane Kareh Tager

40 coups de fouet pour un pantalon

PLON
www.plon.fr

ISBN : 978-2-259-21154-3

Préambule

Mon histoire n'est pas une histoire personnelle. Je n'ai pas été arrêtée, jugée, condamnée, parce que je suis journaliste, ni parce que ma plume me vaut quelque notoriété au Soudan. Mon histoire est celle d'un scandale. En suis-je l'auteur ou en sont-ils les auteurs ? J'ai bafoué mon honneur, disent-ils. L'honneur, une affaire primordiale chez nous. Mais mon honneur n'a pas été touché. Je me sens même bien plus honorable aujourd'hui que je ne l'ai jamais été par le passé.

Mon histoire n'est pas mienne. Elle est celle des quinze femmes qui ont été arrêtées en même temps que moi, dans ce restaurant huppé de Khartoum, et qui ont, pour la plupart, été fouettées ce jour-là. Mon histoire est celle de centaines, de milliers de femmes qui sont fouettées chaque jour, chaque mois, chaque année, après un jugement expéditif dans nos sinistres tribunaux de l'ordre public. Elles subissent leur peine en silence, elles essuient le sang qui a giclé de leur dos, de leurs bras, elles en repartent la tête baissée, le front pourpre. Elles en repartent condamnées à mort, à la mort sociale, revêtues d'une honte qui les suit jusqu'à la fin de leurs jours. Parce que notre société ne veut pas croire qu'une femme soit fouettée uniquement à cause de ses vêtements.

Mon avocat, ma mission à l'Onu m'ont valu un jugement plus tardif. Quelques jours pour me préparer. J'ai imprimé cinq cents cartes, cinq cents invitations que j'ai adressées à des journalistes, à des écrivains, à des intellectuels, à des femmes. Je les ai adressées à ceux qui me soutiennent et à ceux qui me vilipendent. Je veux qu'ils voient de leurs yeux mes accusateurs, qu'ils entendent de leurs oreilles mon acte d'accusation.

Je suis jugée pour avoir violé la moralité publique. Comme l'ont été les femmes arrêtées avec moi. Comme le sont, tous les jours, des femmes au Soudan. Pas une seule n'a osé porter plainte. Par honte. Ma cause est désormais celle de l'article 152 du code pénal soudanais qui punit de quarante coups de fouet, d'une amende, ou des deux sanctions à la fois, les femmes qui, comme moi, ont « violé la moralité publique ». Des femmes, donc, amorales. Dans la rue, quand je sortirai le dos zébré, je n'inspirerai pas la pitié, mais le dégoût. Une femme amorale…

Je suis coupable d'un crime : j'ai porté un pantalon.

1

Mon pantalon

— Quel est donc ce dieu qui se réjouit quand une fiancée est offerte aux flots ? Et comment le fleuve peut-il épouser une femme ? Et pourquoi une femme accepte-t-elle d'être jetée à la mer ? Et pourquoi n'offre-t-on pas un homme au dieu ?

Les questions se bousculaient à mes lèvres, les yeux de mes camarades étaient rivés sur moi, debout au milieu de la classe, surprise par ma propre ardeur, surprise par mon insolence. Nous avions huit ans, nous avions un cours d'histoire. La maîtresse ne releva pas mon effronterie :

— Ma petite, ils étaient des gens simples, ils étaient ignorants. Leur dieu n'était qu'une idole de pierre…

Une idole de pierre. Elle avait appuyé sur ce terme. Sa réponse était convaincante, son regard sincère. J'avais repris ma place, encore interloquée par mon audace.

Près de trente ans plus tard, je suis de nouveau debout. Debout au milieu d'une classe gigantesque. Cette fois, je ne me suis pas levée pour poser des questions, on m'a levée pour m'offrir à un dieu. Comme l'ont été, avant moi, des dizaines de milliers de femmes, fouettées pour complaire à ce dieu qui n'est plus de pierre. Elles se sont tues. Elles ont pleuré en silence. Elles n'ont pas pu crier, elles n'ont pas osé se révolter. Elles ont subi. Elles ont été brisées. On m'a levée, mais j'ai dit non. J'ai crié non. J'ai crié et, dans mon cri, j'ai englobé la révolte de toutes celles qui s'étaient tues. J'ai crié et, par mon cri, j'ai voulu tenir à distance les lanières de cuir qui sifflent dans l'air, les lanières qui s'abattent sur le dos de toutes les fiancées qui m'ont précédée. Non. Non !

Des milliers d'années se sont écoulées sur ma Nubie natale, la Haute-Nubie, l'immense Koush qui s'ouvre avec la deuxième cataracte du fleuve, là où se rencontrent les peuples d'Afrique et ceux de la Méditerranée, là où les hommes ont, pour la première fois, offert un holocauste aux dieux. On l'appelait Ta Sety, le Pays de l'Arc. Elle abondait en richesses : l'or, cette « chair des dieux », cet énigmatique « feu solidifié », l'ébène, l'ivoire, les autruches, le cuivre, l'argent. Elle attirait les convoitises et les conquérants. Les pharaons la promirent à leurs dieux et couvrirent ses terres fertiles de Temples de Millions d'Années. Les berges du Nil se souviennent-elles encore des antiques fêtes de retour de la crue ? Sous le souffle brûlant du désert, le dieu, habillé, parfumé, porté par des prêtres enduits d'onguents précieux, escorté par les scribes, les musiciens, les notables, escorté par la foule des gueux, le dieu s'arrêtait devant le fleuve où le rejoignait son fils, le fils de Râ. La plus belle fille de Nubie s'avançait au milieu des prières et des chants de louange. La plus belle de toutes était offerte à ce dieu pour apaiser son courroux, elle était jetée à l'eau, mariée au fleuve. Le dieu s'en réjouissait. Il s'en réjouissait tant que, chaque année, il comblait le pharaon et son peuple de ses bénédictions, il leur faisait don de la fertilité de la terre, de la fécondité du royaume. Et étrangement, à la fin de la saison sèche, le Nil gonflait, charriait le précieux limon qui noircissait ses berges pour accueillir les semences. Une femme était offerte au fleuve afin que, dans ses eaux, se reflète la verdure des moissons. Une femme était sacrifiée dans la liesse.

Nous sommes un vendredi, jour de repos hebdomadaire au Soudan, comme dans la plupart des autres pays musulmans. Vendredi 3 juillet. Il est presque 21 heures. Je quitte à regret la torpeur d'une réunion familiale. Il a évidemment été question du mariage de ma cousine. La fête se devra d'être fastueuse, j'ai promis, depuis quelques semaines déjà, de choisir et de réserver la salle où elle sera organisée. La date se rapproche. Je monte dans ma voiture, il me faut moins d'une demi-heure pour rejoindre Al-Ryadh, le quartier huppé de Khartoum, et son nouveau restaurant à la mode, Oum Kalthoum. Le lieu me plaît par son côté débonnaire. Pas de luxe clinquant, mais un vaste patio au sol de marbre et au toit de bois et de toile où s'accrochent des guirlandes lumineuses de toutes les couleurs. Les journalistes, les écrivains le fréquentent jour et nuit, ils s'installent à l'aise sur ses fauteuils de bambou, refont le monde sous ses énormes ventilateurs, autour d'un thé. Je les rejoins parfois, en sortant du siège de la mission de l'Onu où je travaille, depuis deux ans, au sein du département de la communication. Depuis que j'ai été contrainte d'abandonner le journalisme.

Mais, le vendredi soir, c'est la fête au Oum Kalthoum. La fête orientale. Je découvre un nouveau lieu. On y afflue en famille, enfants, vieillards, jeunes, moins jeunes, pour applaudir Mohammed Charkaoui, un jeune chanteur égyptien qui s'est fait une spécialité de réinterpréter les grands tubes du monde arabe. J'arrive très certainement à la mauvaise heure pour négocier la soirée de mariage. La musique déborde sur le trottoir ; dans le patio, les sièges se sont multipliés pour accueillir près de quatre cents convives. Les rires fusent, les enfants se trémoussent au pied de la scène et jusque sur les tables, les anciens s'amusent. Les femmes sont belles dans leurs parures chatoyantes, sous leurs voiles nonchalamment jetés autour de la tête. Je jette un œil sur mon vieux pantalon trop large, sur ce châle épais dont j'ai recouvert mes cheveux, noués à la hâte. Le directeur de l'Oum Kalthoum surveille son monde du coin de l'œil. Les parents de la mariée étaient supposés me rejoindre au restaurant, ils m'ont en fait devancée, sont repartis. Je m'installe au fond de la salle, près de la caisse. En attendant que la soirée s'épuise, je me laisse gagner par la liesse ambiante ; aux mélopées égyptiennes insistantes succède une dabké libanaise endiablée. Des danseurs jaillissent du public, s'élancent derrière Charkaoui. Ils se tiennent fièrement par l'épaule, frappent en rythme le sol de leurs talons, s'accroupissent, se relèvent en flèche, balancent une jambe devant eux, tourbillonnent. Le spectacle de cette dabké me fascine. A quoi me fait-elle penser ? Mais bien sûr ! C'est exactement la danse traditionnelle des Chaïkia, une tribu arabe du Nord-Soudan !

A quel moment me suis-je rendu compte que la musique s'est arrêtée, que les danseurs se sont bloqués net dans leur mouvement, que les rires et les applaudissements se sont suspendus ? Pendant que je développais ma thèse sur la proximité des danses chaïkia et libanaise ? Pendant que j'appelais mes amis pour leur faire écouter la musique, leur raconter ma soirée ? Mon regard suit celui de ma voisine, s'éparpille dans la salle. Un, deux, trois, douze policiers ont pris position entre les tables. Six groupes de deux policiers chacun. Ils scrutent les spectateurs. Recherchent-ils un voleur, un criminel ? Je les vois de loin s'approcher d'une femme, lui intimer un ordre. Elle se lève, effectue trois pas. Je distingue à peine sa silhouette dans la pénombre ambiante. Elle revient à son siège, reprend sa place. Deux autres femmes ont sans doute reçu le même ordre ; elles se lèvent à leur tour, effectuent trois pas, veulent revenir à leur place, sont repoussées sans ménagement, conduites le long du mur qui prolonge l'entrée de l'Oum Kalthoum. Je n'ai pas vu arriver les deux hommes qui me cernent. Je les entends, sans les voir. Ils aboient.

— Debout !

— Avance !

Je me lève. J'avance. Un pas, un deuxième.

— Tourne-toi !

Je ne réfléchis pas, j'exécute. Ils hésitent. Aboient de nouveau.

— Là-bas !

Là-bas, c'est-à-dire contre le mur. Je continue à avancer, comme une automate. Je me plaque contre le mur. La salle assiste, muette, à cet étrange ballet des femmes. Les enfants qui, quelques minutes plus tôt, s'égaillaient sur les tables et entre les tables se sont réfugiés dans les bras de leurs parents. Ils assistent, à l'improviste, à une reconstitution grandeur nature de « gendarmes et voleurs ». Les « gendarmes », les « gentils », sont bien sûr les policiers en armes. Mais qui sont alors les « voleurs », les « méchants » ? Leurs mamans ? Ce spectacle me révulse. Je détourne la tête vers la gauche, vers la sortie. Et je vois la rue, bloquée par deux voitures de police, envahie par les badauds qui se soulèvent sur la pointe des pieds pour ne pas perdre une miette de ce spectacle improvisé.

A présent, nous sommes quinze. Quinze femmes venues faire la fête, la plupart en famille, avec leurs maris, leurs parents, leurs beaux-parents, leurs oncles, leurs tantes, leurs enfants. Quinze femmes désormais alignées contre un mur, soumises à l'opprobre public. A moins qu'il ne s'agisse du tournage d'une émission de caméra cachée ? L'idée m'amuse, je regarde presque en souriant les douze policiers qui ont achevé leur tournée de repérage et qui nous font à présent face. Je souris encore en m'imaginant mannequin, défilant sur les podiums de Paris ou de New York. J'ai la taille réglementaire, un mètre soixante-douze centimètres. Peut-être quelques kilos de trop ? C'est un détail. Quant à mes vêtements, je préfère les oublier. Ce pantalon informe à force d'être large, ce châle de la taille d'un drap de bain. Je n'ai pas pensé à me changer avant de venir au Oum Kalthoum. Sinon, j'aurais certainement porté mon nouveau pantalon ajusté, et un petit voile léger qui aurait découvert ma chevelure au brushing impeccable. Je serre instinctivement le châle autour de ma tête pour cacher ma coiffure à la diable. La coiffure d'un vendredi en famille.

La fête est finie. Encadrés par les « gendarmes », quinze « voleurs » s'en vont à la queue leu leu, franchissant lentement les quelques mètres qui les séparent de la sortie. Puis « ils » s'arrêtent sur le trottoir, afin que la foule de badauds, tenue à courte distance par la police, jouisse elle aussi du spectacle d'un défilé de mode gratuit. Je reconnais quelques têtes familières, je croise quelques regards d'encouragement. Les amis, le spectacle n'est pas terminé. Regardez-nous dans cette camionnette où nous nous entassons, assises à même le sol, aux pieds d'hommes en armes qui s'adressent à nous sans ménagement. Regardez cette femme qui tente en vain de nous rejoindre, qui soulève sa jupe pour grimper à côté de nous, pour grimper à côté de ses sœurs qui, elles, étaient en pantalon. Elle crie, elle pleure, ses sœurs aussi pleurent. Elle est écartée sans ménagement, brutalement.

— Recule !

Les amis, regardez bien, regardez-nous entre les barreaux, regardez ces femmes qui ont défrayé la loi. La camionnette s'éloigne dans un bruit épouvantable. Ils nous regardent encore.

Je ne baisserai pas la tête. Et pourquoi donc la baisserais-je ? J'ai été publiquement humiliée, mais je n'ai pas honte. Les pleurs de mes camarades m'agacent. Pourquoi donc pleurent-elles ? Je m'essaie en vain à l'indulgence, je dois faire taire ces gémissements. Je tente la douceur, je les rabroue pourtant. Un premier coup sur ma tête. Un deuxième.

— Ferme-la !

L'ordre claque, je relève la tête. Je regarde le ciel, et je ne vois que ce policier penché vers moi, la main levée, qui me frappe encore. Je le regarde dans les yeux. Le défi de trop ? Je serre entre mes paumes mon téléphone portable. Il est éteint. Je l'ai éteint au restaurant, au moment de rejoindre le mur. Ainsi le veut la loi. Il se penche, il veut prendre mon téléphone. Mon unique lien avec le monde. Je m'agrippe de toutes mes forces à l'appareil. J'ignore l'heure qu'il est, j'ignore la distance que nous avons parcourue. Mon téléphone ne résiste pas à ce bras de fer. Comme dans un mauvais film, je le vois s'envoler, se disloquer, s'éparpiller au sol. Dans un geste dérisoire, je ramasse la coque, la batterie. Je cherche la puce, elle a disparu. Le policier la cherche aussi, dans les interstices du plancher.

— Donne-la moi ! Obéis ! Tu veux jouer à la rebelle ?

Les coups pleuvent sur ma tête. Je n'ai plus jamais retrouvé cette puce.

Nous passons devant un commissariat, puis devant un deuxième, sans nous arrêter. La camionnette roule lentement, avec son chargement de femmes, dans les rues de Khartoum. La chaleur est étouffante, nous peinons à respirer. Nous sommes entassées dans le fond du véhicule, serrées les unes contre les autres. Mon épaule est engourdie du poids de ma voisine, des fourmillements gagnent mes jambes. Je ne peux pas bouger. Les policiers s'agitent, nous freinons, les portes s'ouvrent. Cette fois, nous nous arrêtons. Des cris de femme, des bruits sourds qui secouent la carrosserie, une personne qui se débat. Un « hijab », une femme dûment revêtue du voile islamique réglementaire et d'une longue robe, nous rejoint. « Une pute », lance le policier devant nos regards interloqués, appuyant le mot vulgaire qu'il utilise en soudanais par une moue de mépris. Une pute ? Ou une femme qui revenait tard de son travail, ou faisait un saut à l'épicerie du coin ? Elle est livide, elle ne parle pas, ne pleure pas. Arrêtée pour prostitution ; elle est finie. Elle n'aura pas de procès, mais un simulacre de jugement. Et une condamnation qui la suivra à vie, inscrite en lettres de feu sur son casier judiciaire : « prostituée ».

— Et celui-là, vous ne l'embarquez pas ? Avec ses cheveux longs et sa blouse féminine, il est encore plus équivoque que moi en pantalon.

Notre garde-chiourme ne prend pas la peine de me répondre. Je me détourne du spectacle de la rue, je suis envahie par la nausée. Je ferme les yeux, j'appuie mon front sur mes genoux, je sens les regards des hommes en armes sur ma nuque, sur mon dos. Mon dos qui va sans doute bientôt payer le prix de mon insolence.

Des dizaines de femmes sont agglutinées au commissariat de l'ordre public où nous sommes débarquées, mes compagnes et moi, au milieu de la nuit. La moisson d'une soirée d'été dans la capitale soudanaise. Cette cellule a été spécialement créée, au début des années 1990, pour accueillir celles (et ceux) qui heurtent la moralité publique. Ou du moins la moralité vue par les autorités soudanaises, ainsi définie par l'article 152 du code pénal de 1991 : « Quiconque, dans un lieu public, commet un acte indécent ou contraire à la moralité publique, ou porte une tenue indécente, contraire à la moralité publique, ou qui heurte les sentiments du public, sera puni d'une peine ne pouvant excéder quarante coups de fouet, ou d'une amende, ou des deux. Un acte est contraire à la moralité publique s'il est considéré comme tel en vertu de la doctrine religieuse de la personne, ou des coutumes du pays où l'acte a lieu. » Cet article est appliqué à toutes les Soudanaises, quelle que soit leur religion – nous sommes à peu près 62 % de musulmans, 22 % d'animistes, 16 % de chrétiens. Il est appliqué à toutes les Soudanaises, quelle que soit leur tribu d'appartenance – notre peuple est constitué de trois cent cinq tribus, majoritairement africaines au Sud, majoritairement arabes au Nord. Il ne leur est pas appliqué selon leur religion, ou selon leurs coutumes, mais selon des critères mystérieux, indistincts, indéfinis, des critères qui relèvent de la seule humeur, du seul vouloir d'un policier. Qu'est-ce qu'une tenue indécente ? Chacun en a sa propre définition. Un hijab qui dévoile le cou ? Une jupe qui laisse entrevoir le haut des chevilles ? Et où commence le haut des chevilles ? Un pantalon ? Quelle coupe est dite « décente » ? L'article 152 est rédigé de façon telle qu'il est impossible de déterminer où finit la décence, où commence l'indécence. Il est rédigé de façon telle qu'aucune femme sortant de chez elle ne peut être certaine qu'elle reviendra sans passer par la case « commissariat de l'ordre public », sans qu'une tache indélébile soit inscrite sur son casier judiciaire.

D'ailleurs, des doutes semblent subsister quant à notre conformité avec la notion policière de pudeur. Nous sommes de nouveau alignées contre un mur. Nous sommes donc quinze mannequins, réunis à Khartoum par un grand couturier, scrutés par une bonne dizaine d'hommes en armes. Ils nous jaugent l'une après l'autre, nous demandent d'avancer, de reculer, se consultent. La belle comédie ! Six parmi nous sont exclues du rang. Selon quels critères ? Je ne le sais pas, je ne le saurai sans doute jamais. Je les regarde s'éloigner, encore titubantes ; pourquoi sont-elles déclarées non coupables ? Je baisse les yeux, j'inspecte les neuf paires de jambes qui restent alignées contre le mur. Neuf pantalons. Coupe droite, classique. Neuf objets de délit. Je regarde les paires de jambes libérées, je ne vois pas les quelques centimètres de tissu supplémentaires qui expliqueraient cette mansuétude...

Je suis, nous sommes toutes, sans téléphone, sans contact avec le monde extérieur. Nos familles, nos proches, sont certainement morts d'inquiétude. Quatre autres femmes, en pantalon évidemment, nous rejoignent. Elles viennent, elles aussi, d'être raflées dans la rue. Je me rapproche de deux adolescentes, qui sans doute prenaient l'air à quelques pas de chez elles, en quête d'un brin de fraîcheur toute relative dans l'enfer de l'été soudanais. Deux petites chrétiennes venues du Sud, comme des millions de migrants et de réfugiés installés dans la capitale. Nul des leurs ne se doute de leur sort. Elles n'en parleront probablement à personne. Elles sont accroupies contre un mur, terrorisées. Elles se murent dans leurs larmes, dans leur silence. Pensent-elles à leur Sud où le Soudan n'est plus arabe mais seulement africain, où les traditions tribales, qui restent en vigueur dans les villages, n'exigent au mieux qu'un minuscule pagne pour couvrir sa nudité ? Nous sommes arrêtées pour port de pantalon. Plutôt que d'investir dans les écoles ou les hôpitaux, l'Etat préfère subventionner un service d'ordre, des unités de police, des tribunaux, pour veiller à notre mise. Lugubre comédie. Je connais bien le Sud pour m'y être souvent rendue quand j'étais journaliste. En 2001, j'avais accompagné le ministre de l'Energie à Rabkona, dans le district de l'Unité, où il inaugurait une nouvelle installation pétrolière. Une cérémonie tout à fait officielle, un service d'ordre complet, des tapis rouges. Et, à quelques mètres de là, une rivière d'où une vieille femme, nue comme au jour de sa naissance, nue comme on l'est naturellement dans sa tribu, puisait l'eau, tandis qu'un homme, tout aussi nu, pêchait les poissons du repas au harpon, comme on le fait dans sa tribu depuis des siècles. L'heure était aux festivités, non aux esclandres avec les villages indigènes. Le ministre et sa suite, pourtant si chatouilleux en matière de décence, passèrent outre et demandèrent à leur police d'en faire de même. Les notes que je prenais fébrilement n'eurent pas l'heur de plaire : je fus exclue de la délégation, rapatriée sur-le-champ à Khartoum. Avec mon histoire. En 2005, en vertu des accords de paix signés entre le nord et le sud du Soudan, des accords incluant bien sûr l'exploitation, par le gouvernement, des puits de pétrole, les sudistes ont été autorisés à conserver leurs coutumes, y compris vestimentaires. Mais une loi s'est ajoutée à cette loi : il est interdit de les regarder…

Cette nuit, au commissariat de l'ordre public, nous formons une foule hétéroclite. Des bourgeoises en pantalon. Des fumeuses de chicha, le nom que nous donnons au narguilé, et dont l'usage est strictement réservé aux mâles. Des fabricantes clandestines d'alcool de dattes et de maïs – l'alcool est interdit au Soudan depuis l'introduction de la charia, en 1983. Des marchandes de thé, une profession fort populaire à Khartoum pour laquelle des milliers de malheureuses, venues des provinces, investissent dans une table bancale et quelques braises, improvisent, avec deux chaises et un tapis, un salon de thé sous un arbre et sauvent les leurs de la faim. Pour quelques sous, elles servent leur café au gingembre ou leur thé à la cardamome, et je ne connais pas de Soudanais, pauvre ou riche, qui ne soit pas un fidèle de cette institution. Les marchandes de thé, que l'on appelle les « dames du thé », ne disposent pas de licences, parce que de telles licences n'existent pas. Alors, de temps en temps, elles sont raflées, leur matériel est confisqué, elles sont fouettées, pour atteinte à la moralité publique, avec des câbles, des lanières de cuir ou de plastique, ou de manière plus classique avec des fouets taillés dans le cuir d'hippopotame, plus dur que l'acier. Leur casier judiciaire s'alourdit, mais ont-elles d'autre choix que d'investir dans une nouvelle table, dans un nouveau réchaud ?

Je profite de l'inattention du service d'ordre pour glisser un numéro de téléphone et quelques pièces dans la main d'un enfant, préposé au thé des policiers. Je lui chuchote mon nom, il me répond par un sourire entendu. Il a, de toute évidence, l'habitude de ce manège. Je sais qu'il appellera Hanadi, une amie de longue date. Je ne veux pas inquiéter ma famille.

De fait, Hanadi est arrivée très vite, avec son oncle. Une dizaine d'heures se sont écoulées depuis mon arrestation. Je n'ai pas dormi, je n'ai pas mangé, je ne me suis pas changée. Je les accueille comme le messie, surtout cet oncle, un notable qui se porte garant de ma personne, ce qui m'autorise un répit hors de ce sordide commissariat de l'ordre public jusqu'au lendemain, un dimanche, premier jour de la semaine, et reprise de l'activité judiciaire.

Activité judiciaire ? Le terme est bien pompeux pour décrire un juge islamique flanqué du responsable de la brigade ayant procédé à l'arrestation des treize « criminelles » embarquées ce vendredi soir dans des camionnettes brinquebalantes de la police soudanaise. Treize criminelles qui comparaissent ensemble, dans une salle attenante au commissariat. Deux hommes complètent le tableau. Deux avocats. Le premier a été contacté par la famille de deux sœurs, deux compagnes d'infortune interpellées au Oum Kalthoum. Le second est envoyé par la mission des Nations unies, pour me défendre. Parce que nous sommes défendues, nous serons les dernières à être jugées. Je suis envahie d'une étrange sensation, celle d'être un cadavre en cours de dissection par un juge et par un policier. Je me dois d'être forte, je me dois de soutenir mes compagnes, de les encourager. Je me dois de sourire. Je tiens jusqu'à ce que la plus jeune d'entre nous entre à son tour dans le box des accusés. Une enfant de seize ans. Elle ne pleure pas, elle tremble. Elle se fige. Une flaque se forme à ses pieds. Comme une enfant, elle a fait pipi sur elle. Je me rends compte que je pleure aux larmes qui mouillent mes mains.

C'est une pièce de théâtre qui s'ouvre. Rideau !

— Tu as porté atteinte à la moralité publique par ton comportement indécent, tu as revêtu un pantalon, tu as heurté les sentiments du public. Reconnais-tu les faits ? Si tu plaides coupable et jure de ne plus récidiver, ta peine sera réduite à dix coups de fouet. Si tu t'obstines dans ton indécence, tu seras condamnée à quarante coups de fouet.

L'une après l'autre, les accusées s'avancent. L'une après l'autre, elles écoutent l'acte d'accusation. L'une après l'autre, elles sont jaugées par le policier, seul témoin autorisé, qui confirme :

— Oui, c'est bien elle.

L'une après l'autre, la gorge envahie par les larmes, nouée par l'émotion, elles plaident coupables. L'une après l'autre, elles sont escortées vers une pièce attenante. L'une après l'autre, elles sont crucifiées face à un mur souillé de vomi et de sang, solidement tenues par deux gaillards. L'une après l'autre, elles arrondissent leur dos. Elles ne voient pas leur bourreau, une femme qui brandit le fouet avec rage. L'une après l'autre, elles subissent leur châtiment. Dix coups de fouet. Le bourreau doit être bien notée de ses supérieurs, si j'en juge par les hurlements de douleur qu'elle arrache à chacune des coupables.

— Tu as porté atteinte à la moralité publique par ton comportement indécent, reconnais-tu les faits ?

C'est à moi que le policier s'adresse. Avant que le juge ne prenne la parole, mon avocat l'interrompt :

— Objection !

Pourquoi l'a-t-il interrompu ? C'est à moi de répondre ! Il ne me laisse pas intervenir, il se lance dans un discours, fouille son dossier, brandit triomphalement un papier :

— En vertu du Sofa, l'accord signé en 2005 entre l'Onu et le Soudan, sur le statut de la mission de l'Onu au Soudan, ce procès est invalide. Le Sofa s'applique au personnel local, et vous auriez dû, au préalable, en référer à la mission de l'Onu, comme dans le cas de toute infraction commise par un membre de la mission. Je demande la relaxe immédiate de ma cliente.

Le juge décide d'en référer aux autorités, une nouvelle convocation m'est remise pour le lendemain. Cette fois, c'est une femme qui se chargera de mon dossier. Une femme que je guette en vain : en ce lundi, la police est entièrement absorbée par une rafle en cours, une rafle de fumeuses de chicha. D'ailleurs, nul ne prête attention à mon pantalon, et c'est avec courtoisie que l'on me demande de revenir le lendemain, mardi. Curieux procès que celui qui s'ouvre pour moi. Le mardi, la règle du jeu a changé :

— Vous comprenez qu'il est impensable qu'une femme s'occupe de votre dossier. Nous allons charger un homme de la contre-enquête. Attendez quelques instants, il y a certainement un policier disponible dans les locaux.

Je ne comprends rien, mais je ne m'étonne plus. Je ne m'étonne même pas en découvrant que la contre-enquête sera menée par celui-là même qui avait procédé à mon arrestation, quatre jours plus tôt. Il réitère les premières questions : mon nom, mon âge, mon adresse. Il me demande si je me reconnais coupable, auquel cas je ne subirai « que » dix coups de fouet en guise de sanction. Je persiste à refuser de fournir le nom de ma tribu d'appartenance :

— Je suis soudanaise, point.

— Si tu es soudanaise, pourquoi portes-tu un pantalon ?

— Parce que je suis confortable en pantalon. J'en ai plusieurs, et je suis plus souvent en pantalon qu'en robe.

— C'est interdit, me lance-t-il.

Comme si je l'ignorais.

— Je ne suis pas un cas unique. Sur les 43 000 femmes que vous avez arrêtées et condamnées, rien qu'en 2008, pour atteinte à la pudeur publique, la plupart l'ont été parce qu'elles portaient des pantalons. Aussi amples soient-ils. Vous les avez fouettées pour un pantalon ! Leur casier judiciaire porte une tache indélébile : « Atteinte à l'ordre public et à la moralité. » Pour un pantalon...

— C'est la loi. La loi islamique, la charia.

Je m'emporte, tout en sachant que je ne fais qu'aggraver mon cas.

— Mon ami, tu es de la police, parlons donc de la police. Tu étais peut-être là, avant 1989 et le coup d'Etat d'Al-Bachir. Te souviens-tu de tes collègues ? Elles portaient le même costume que toi. Le même pantalon, la même chemisette à manches courtes. Etait-ce un scandale ? Alors, elle est bien scandaleuse, notre police...

— Tu détournes la conversation. Tes amies ont été fouettées, tu as beau jeu de parler en te réfugiant derrière ton immunité d'employée à la mission de l'Onu. Tu aurais pu être fouettée comme elles, mais tu as réussi à échapper à la loi. Provisoirement, crois-moi.

— Je ne me réfugie nulle part, je me bats contre une loi anticonstitutionnelle.

— Mais... j'applique la loi, me dit-il, visiblement interloqué.

Je commençais à prendre le dessus dans cette conversation. Je distinguais nettement la brèche qui s'ouvrait devant moi.

— Tu as raison d'appliquer la loi, j'ai raison de me battre contre elle. Parce que c'est une loi viciée, une loi qui dépend du bon vouloir du policier. Tu as mené l'enquête une première fois, tu as procédé à mon arrestation. Là, on te confie la contre-enquête. Veux-tu chercher l'erreur avec moi ?

— N'essaie pas de jouer à la plus fine. Malgré ton immunité, je vais te faire déférer devant le tribunal de l'ordre public. Tu l'auras, ton procès. Comme les autres. Et malgré toutes les interventions de l'Onu.

Je sais que l'Onu interviendra et annulera le procès. Mais désormais, ce procès, je le veux. Je veux me battre contre la loi, contre une loi inique dont sont victimes les femmes de mon pays. Là, devant ce policier avachi sur son bureau, « l'affaire Lubna al-Hussein » s'est enclenchée.

2

Oum Dourman, une enfance soudanaise

— Lequel des nôtres est mort sur la terre qui l'a vu naître ?

Ainsi me parlait ma grand-mère, ma douce *habouba*, ma bien-aimée, pour essayer de me consoler.

J'avais neuf ans, et je pleurais mon père. Mon père est né en 1924, dans la ville de Abiad, au Soudan. Il est mort en 1982 à Médine, la ville sainte de l'islam, et il y a été enterré avant le coucher du soleil. Sa mère, ma grand-mère, qui appartenait à la tribu soudanaise des Badirya, a été inhumée à Abiad. Ma *habouba*, la mère de ma mère, est née, elle, à La Mecque, mais sa famille est issue du pays des Chanakit, la Mauritanie. Son époux, mon grand-père maternel, Saad Maamari, venait du Yémen et il est mort à Wad Madani, au Soudan.

Moi, je suis née à Oum Dourman, la ville jumelle de Khartoum, là où se rejoignent le Nil Bleu et le

Nil Blanc. Je ne sais pas où je mourrai. Comme les deux Nil qui se marient au Soudan pour concevoir le fleuve qui poursuit sa route à travers l'Egypte jusqu'à la Méditerranée, je suis issue d'un métissage. Mes origines sont aussi diverses que celles de ces pèlerins qui, jusqu'au milieu du siècle dernier, traversaient mon pays à pied ou en monture, venant du Maghreb, de Mauritanie ou de l'Afrique plus profonde. A Port-Soudan, ils embarquaient sur les bateaux de pèlerinage et naviguaient sur la mer Rouge jusqu'à Jeddah. De là, ils poursuivaient leur route vers le Hijaz, la terre sacrée, celle qui abrite La Mecque et Médine, pour y accomplir le hajj, le pèlerinage. Est-ce sur le chemin de l'aller ou sur celui du retour qu'ils décidaient de poser leurs bagages au Soudan ? Les habitants leur réservaient un bon accueil, ils leur offraient parfois les plus hautes dignités. Ainsi, c'est un Mauritanien qui fut jugé le plus compétent pour présider le premier Parlement soudanais, en 1953. Ce n'est ni par orgueil ni par défi que Mohammed Saleh Chanakiti portait sa Mauritanie, le pays des Chanakit, dans son nom ; il répondait à l'hospitalité de ses hôtes qui, considérant que les migrants étaient des Soudanais comme les autres, les désignaient par leur tribu d'appartenance : les Chanakit pour ceux qui venaient de Mauritanie, les Maghrébins pour ceux qui venaient d'Afrique du Nord. Des tribus à part entière, parmi trois cent cinq tribus. Des autochtones, au même titre que les Grecs, les Juifs ou les Turcs dont nul ne remettait en cause la soudanité, ni la loyauté au pays. Nul, ici, ne s'appelait « étranger ».

Dans mon sang coule du sang arabe et africain. Je suis soudanaise par la tribu des Badiriya – celle de notre premier président de la République –, je suis yéménite et mauritanienne, et mille autres origines doivent aussi se mêler en moi, à travers mes aïeux. J'appartiens à tous ces peuples, à ceux que l'on appelle parfois, sans y voir malice, « les dignes » et « les Noirs ». Je suis à la fois « digne » et « noire ». Je suis aussi le fruit du croisement du petit peuple et des aristocrates, des pauvres et des riches. J'ai grandi chez les uns et chez les autres ; chez les uns et les autres, j'étais considérée comme l'une des leurs.

De mes toutes premières années, je ne conserve que des souvenirs confus. J'étais l'aînée des enfants de ma mère ; mon père avait déjà trois garçons, nés de sa première épouse. Ma mère était sa préférée, c'est elle en tout cas qui l'accompagnait dans ses fréquents voyages, d'abord à travers le Soudan où il s'occupa de négoce de produits agricoles, puis en Arabie Saoudite quand il s'installa dans le commerce du bétail. Ils se rendaient parfois ensemble dans d'autres pays de la région, et jusqu'en Angleterre et même à Athènes. Ma mère nous racontait les coutumes de ces contrées lointaines, le brouillard et le froid, les étranges rituels des femmes qui prenaient des hammams de soleil, un soleil pâle, plus pâle que notre soleil d'hiver, dont les rayons ne blessaient pas plus que ceux de la lune. Je vécus près de deux ans avec eux, à Jeddah où mon père avait loué un appartement. J'étouffais dans cet appartement dont nous sortions très peu, et je ne rêvais que de notre maison d'Oum Dourman et de ses vastes champs alentour.

Quand vint pour moi l'âge de l'école primaire, je m'y installai définitivement avec ma *habouba*, ainsi qu'avec ma tante qui était veuve et ses cinq enfants. Ma mère avait donné naissance à deux autres enfants, un garçon, Tarek, et une fille, Rabab. Jusqu'à ce qu'ils nous rejoignent à Oum Dourman, j'étais la plus jeune de la maisonnée, la petite dernière, la plus cajolée, la plus protégée, la préférée. La maison débordait de chaleur et d'amour ; je recevais la tendresse par tonnes entières.

Je suis entrée à l'école publique Mohammed Soliman, toute proche de notre maison du quartier de Arda, en sachant déjà lire. Ma *habouba* y avait veillé. *Habouba* s'appelait de son vrai nom Maryam Bint el Cheikh, Marie la fille du cheikh. Son père, Bakri Chanakiti, un Mauritanien comme l'indique son nom, appartenait à une ancienne lignée de cheikhs, des lettrés qui sillonnaient la péninsule Arabique et qui étaient réputés pour leur savoir ; à travers les villes, les villages, les campements, ils donnaient le savoir, et ils prenaient le savoir. Elle n'avait jamais été à l'école, mais elle savait lire et écrire et connaissait par cœur le Coran. Elle m'a appris l'alphabet ainsi que des sourates, des versets coraniques.

Habouba est la femme qui m'a le plus marquée dans la vie. Elle était grande, mince, pas vraiment belle, mais c'était une femme de tête dotée d'une forte personnalité. Elle appréciait peu les visites de voisinage et les commérages des femmes, et limitait sa vie sociale aux obligations : les cérémonies de naissance et d'excision, les mariages, les décès. Chose peu commune, elle s'était mariée quatre fois, s'était retrouvée quatre fois veuve ou divorcée. J'étais issue de la lignée de son troisième époux, un Yéménite installé à Wad Madani. En elle, les hommes trouvaient non seulement une épouse, mais aussi une vraie compagne, une associée, une partenaire à part entière. Après son quatrième mariage, avec un Saoudien, ma grand-mère s'était lancée dans le commerce des parfums secs, comme le musc ou l'ambre, qu'elle importait d'Arabie et entreposait dans notre maison, en permanence imprégnée de ces odeurs étranges et entêtantes. Le commerce de gros était une activité rare pour les femmes qui lui préféraient le commerce du détail, sur les marchés. *Habouba* avait choisi un « travail d'homme ». Parfois, elle m'autorisait à l'accompagner dans les souks d'Oum Dourman où elle livrait sa marchandise, je l'observais négocier les prix et récupérer l'argent avec lequel elle faisait vivre sa maisonnée.

Etions-nous riches ou pauvres ? Je l'ignore. Riches et pauvres menaient la même vie et portaient les mêmes habits, il n'existait pas de superflu à satisfaire, et d'ailleurs les riches, ne sachant quoi faire de leur argent, le dépensaient pour les pauvres. Nous habitions une maison traditionnelle, bâtie en boue séchée habillée d'argile rouge, comme la plupart des autres maisons de la ville. Chaque année, avant la saison des pluies, nous faisions venir des ouvriers qui la recouvraient d'un enduit fait de paille et de bouse. Ainsi, elle était protégée des intempéries. C'était une maison modeste où nous ne jouissions pas de l'intimité que les gens des villes exigent aujourd'hui. Nous vivions de manière collective, nous partagions les mêmes armoires, les mêmes couvertures, les mêmes lits. Nous formions une même famille, sans distinction entre fratries et cousins. Souvent, nous dormions à la belle étoile. Aujourd'hui encore, je préfère dormir avec le ciel pour seul toit. Chez moi, dans ma maison de Khartoum, mon lit est installé dans le jardin. Il y reste même en hiver, quand la température approche la nuit des 10 °C; je m'emmitoufle alors dans une grosse couverture, et je respire la liberté. Bien sûr, quand il pleut ou quand j'y suis contrainte, je passe mes nuits dans une chambre à coucher. Mais je ne m'y sens pas dans mon élément naturel.

A Oum Dourman, vers 15 ou 16 heures, nous nous réunissions tous pour le déjeuner dans la pièce principale de la maison. C'était un rituel immuable, et nous attendions les retardataires pour nous y livrer. Ma grand-mère déposait à même le tapis un grand plateau sur lequel elle disposait les galettes de pain de maïs, le plat de riz, les pommes de terre, la viande, parfois des cornes grecques, des oignons et quelques tomates. Nous mangions tous le même plat, mouillant le pain dans la sauce et confectionnant, à la main, les boulettes de riz que nous agrémentions de piment. Le menu était presque identique dans tous les foyers. La vie était simple et facile.

Quand mon père revenait de voyage, il se partageait entre notre maison et celle de son autre épouse, qui habitait avec ses fils à quelques encablures de chez nous. Ses enfants étaient plus âgés que moi et ne faisaient donc pas partie du cercle de mes amis. Quand mon père n'était pas là, nous formions un cercle très féminin – les seuls hommes de la maison étaient le fils de ma tante, puis Tarek, mon petit frère, quand il atteignit, à son tour, l'âge de la scolarisation. C'est avec les femmes que nous participions à la vie sociale dont le clou était les mariages, non pas les cérémonies expéditives d'aujourd'hui, mais les mariages traditionnels dont les préparatifs, qui étaient l'affaire d'une saison, mobilisaient tout le quartier. Je me glissais, avec les autres fillettes, dans la chambre de la fiancée où, pendant de longues semaines, se succédaient les programmes d'engraissement et ceux d'enfumage. Je la regardais engloutir les nourritures les plus grasses et les plus sucrées pour arrondir ses formes, puis se plonger dans les fumées de bois d'acacia, réputées adoucir la peau. J'aimais par-dessus tout participer aux deux heures quotidiennes de cours de danse, prodigués par sa famille et ses amies, peaufinés par des danseuses professionnelles. Pas après pas, la fiancée apprenait à se mouvoir pour danser à son tour, dans la rue, le jour de son mariage, comme le veut l'ancienne tradition soudanaise aujourd'hui interdite. Plus le temps avançait, plus les préparatifs s'intensifiaient, jusqu'à la cérémonie du henné noir qui se tenait au milieu des youyous des femmes. La fiancée, bientôt mariée, tendait ses mains et ses pieds qui s'ornaient de motifs ciselés puis plongeait le bout de ses doigts dans la mixture, accomplissant un geste renouvelé tant qu'elle serait mariée, pour signifier son statut au monde entier. Enfin venait la fête qui durait jusqu'au petit matin, une grande fête à laquelle le quartier entier était bien sûr convié.

Notre maison était la dernière de Arda. Au-delà s'étendaient la savane, des friches et des champs qui verdissaient après la saison des pluies, et qui se couvraient de toutes sortes de plantes que nous nous amusions à reconnaître. La nature était riche sur les rives du Nil, les oiseaux nombreux à venir s'y nicher. Nous nous amusions, avec les enfants du quartier, à fabriquer des lance-pierres et à nous essayer à la chasse. Les plus habiles de mes camarades parvenaient à capturer des oiseaux vivants, ils les vendaient aux moins chanceux ou les troquaient contre quelque gourmandise. Il m'arrivait de leur acheter un oiseau que je me promettais de conserver dans une cage. Mais, quand je tenais cet oiseau captif entre mes mains, quand je voyais les autres oiseaux s'égailler en liberté autour de nous, je ne résistais pas à la tentation d'écarter mes paumes pour le rendre aux siens, à la liberté. Je n'ai jamais supporté la captivité, pas plus la mienne que celle des autres.

A Oum Dourman, le monde nous appartenait. Nous n'étions jamais enfermés, et notre terrain de jeu était la rue. Les filles s'amusaient à la marelle ou à la corde à sauter, mais elles n'avaient pas mon âge. Je partageais donc les jeux des garçons, la chasse, la course et surtout le football. Parce que j'étais plus grande que la moyenne (j'avais hérité la taille élancée de *habouba*), je rattrapais plus facilement le ballon, et mes camarades m'avaient élue gardienne de but. J'étais très proche de mon frère Tarek ; la différence d'âge m'éloignait de ma sœur Rabab.

Au-delà des champs, à Al-Jouw, la nature s'était aménagé un petit vallon où s'accumulaient l'eau des pluies et celle des crues, une réserve où puisaient les bergers et où s'abreuvaient les bêtes. Au-dessus du vallon, sur un terrain qui, du coup, se rêvait être une colline, des nomades arabes s'étaient installés de manière quasi permanente. Ils avaient dressé leurs tentes, et ils faisaient paître leurs troupeaux autour du campement. Plus à l'écart, une autre tribu avait élu domicile et se livrait à ce qui était pour elle une activité traditionnelle : la fabrication d'alcool, à base de dattes et surtout de maïs. A cette époque, l'alcool n'était pas banni du Soudan mais, pour des raisons sanitaires, les autorités avaient interdit les alcools domestiques. Les Soudanais, en tout cas les habitants de notre quartier, se méfiaient d'autant plus de ces distillateurs sauvages qu'ils avaient la réputation d'organiser des fêtes animées où ils s'abreuvaient de danses et de musiques. Ce n'est pas un hasard si les deux campements, pourtant fort différents par leurs usages et leurs coutumes, s'étaient installés à proximité l'un de l'autre. En effet, ils se complétaient étroitement, au point que la survie de l'un dépendait presque de celle de l'autre, les nomades récupérant les résidus de la distillation pour nourrir leurs troupeaux à la saison sèche, quand la savane prenait des allures de désert. Les fabricants d'alcool, eux, étaient heureux de négocier leurs déchets.

Deux fois par jour, le matin avant l'école puis en fin d'après-midi, la « corvée du lait » était dévolue aux enfants. Munis de récipients, nous courions à travers les champs jusqu'au campement des sobres nomades qui vivaient de la vente du lait de leurs bêtes. Nous avions interdiction de nous approcher de l'autre campement, celui des fabricants d'alcool, d'où s'échappaient la musique et les rires. Mais, cela va sans dire, nous transgressions cet interdit et, tout en maintenant une distance respectable, le cœur battant d'être surpris par un adulte, nous observions, fascinés, cet autre monde qui se livrait à nous. Puis, après un bref détour chez les nomades, nos récipients gorgés de lait, nous regagnions précautionneusement la ville. Cependant, même si nous avions interdiction de nous approcher des uns et de nous attarder chez les autres, leurs enfants, eux, étaient nos camarades de jeux. Ceux qui étaient scolarisés fréquentaient les écoles de Arda et nous partagions les mêmes bancs. Les autres nous rejoignaient l'après-midi quand, après avoir terminé nos devoirs, nous nous précipitions, enfin libres, pour jouer dans la rue. Nos maisons leur étaient ouvertes, ils étaient nos amis.

Un jour, sans crier gare, les forces de l'ordre ont démantelé le campement des fabricants d'alcool. Et elles ont chassé la tribu de la banlieue d'Oum Dourman. Je l'ai su quand, un matin, leurs enfants ne sont pas venus à l'école. L'après-midi, ils ne nous ont pas rejoints dans la rue. Mes camarades me manquaient, j'avais deviné, aux conversations des adultes, ce qui s'était passé, et je ne comprenais pas pourquoi on s'était acharné sur eux. Quelque temps plus tard, les nomades sont partis à leur tour. Ont-ils rejoint la tribu des fabricants d'alcool dont dépendait la survie de leurs troupeaux ? J'ignore ce qu'ils sont tous devenus. Lentement, au fil des ans, Our Dourman s'est étendue. La ville a grignoté les champs. Aujourd'hui, ma savane a été construite. Il n'y a plus de plantes, il n'y a plus d'oiseaux de toutes les couleurs non plus.

Chaque matin, nous allions à l'école. En cette fin des années 1970, il y avait peu d'écoles privées au Soudan, si ce n'est une poignée d'écoles chrétiennes tenues par des religieuses. J'ai donc rejoint l'école publique pour filles, celle du quartier, où se mêlaient les enfants de toutes les classes sociales et même, je l'ai dit, les enfants des tribus nomades quand elles se sédentarisaient pour quelques mois, voire quelques années. Jusqu'à présent, quand j'entends le mot « école », me vient immédiatement à l'esprit l'image de ces classes toutes simples, bâties en boue séchée, alignées au milieu d'un immense champ qui tenait un rôle essentiel dans notre scolarité, et j'ai du mal à imaginer un établissement qui ne soit pas doté d'un grand jardin où les enfants puissent courir et jouer librement. L'école Mohammed Soliman n'était pas seulement le lieu où nous apprenions à lire et à écrire ; elle était un lieu de vie, un lieu où nous apprenions la vie. Les enseignants ne venaient pas seulement délivrer un savoir livresque, ils ne venaient pas seulement « travailler » : il existait entre eux et nous, entre le lieu, eux et nous, un lien affectif profond. Une bâtisse avait une place singulière : la maison du gardien. Celui-ci était pour nous bien plus qu'un gardien, et nous considérions sa femme comme une seconde maman ; ses enfants étaient nos amis et, au besoin, nous poussions sa porte comme nous l'aurions fait de la porte d'un vieil oncle, toujours là pour consoler, écouter, et gronder quand cela se révélait nécessaire. Désormais, le gardien est remplacé par un employé de la sécurité qui s'installe à heures fixes sur sa chaise pour tout surveiller.

Les cours se terminaient à 13 heures, mais nous revenions une à deux fois par semaine en fin d'après-midi pour ce que l'on appelait les activités : des activités artistiques et culturelles, de la gymnastique, du jardinage, de l'élevage de volailles. Sans oublier le scoutisme, auquel mon père avait tenu à m'inscrire, et dont les réunions se tenaient au sein de l'école, pendant les périodes de vacances. L'entretien du jardin et, à travers lui, l'initiation indirecte à l'écologie et aux questions environnementales faisaient partie du cursus.

J'étais bonne en classe, toujours parmi les premières, surtout en rédaction ainsi qu'en mathématiques. En début de deuxième année, j'avais choisi pour activité principale le journalisme. Je n'envisageais pas du tout d'embrasser un jour cette carrière, mais j'avais trouvé, dans le journal que l'on m'avait confié, un lieu où déployer mon imagination qui était débordante. Je dessinais à toutes les pages : des poules à quatre pattes, des moutons à tête de vache, des fleurs incroyables. J'avais pris goût à la lecture et, au début de chaque mois, je me précipitais au kiosque à journaux pour acheter un magazine pour enfants, *Al-Soubian*, « Les Garçons ». Je découvrais le monde à travers les articles et les photos, je m'émerveillais devant les histoires extraordinaires qui étaient narrées. Un peu plus tard, quand j'ai eu huit ans, j'ai adressé à ce magazine une petite histoire. Cinq lignes, pas grand-chose, mais elles avaient été publiées, et mon nom avait été écrit en toutes lettres. Je m'envolais de joie ! En le découvrant, je m'étais précipitée au kiosque pour acheter les autres exemplaires qui restaient en vente, cinq au total, et je les avais distribués à mes amis. Par la suite, je dévorais les magazines dont l'aînée de mes cousines était friande, et elle m'autorisait à la suivre à ses soirées théâtrales où l'on me donnait parfois de petits rôles. Je n'avais pas une idée bien précise du métier vers lequel je m'orienterais mais, comme toutes les filles, je n'excluais pas de devenir « maîtresse d'école ».

J'aimais l'école. J'aimais moins les sanctions qu'on nous y distribuait : des coups de règle sur la paume, donnés alternativement sur une main puis sur l'autre. Tel était le règlement, et il aurait été impensable de se révolter, d'autant que les sanctions punissaient des fautes réelles, même si elles étaient sans gravité : une étourderie, un cahier oublié à la maison, un devoir non rendu. Nous les considérions justes, et nous connaissions le « tarif » de chaque faute. J'avais huit ans quand j'ai osé me rebeller. Ce jour-là, les quarante élèves de la classe étaient agitées, et notre nouvelle institutrice, une stagiaire, décida d'en punir neuf, dont moi. Elle nous mit en rang pour recevoir les coups de règle. J'étais au milieu du rang. Je l'observais : elle ne frappait pas comme les autres. Avec elle, la règle s'abattait lourdement sur le dos de la main, et non sur la paume. Pis encore : elle donnait les coups sur une seule main, et non pas alternativement sur l'une puis sur l'autre.

Quand vint mon tour, au lieu de tendre mes mains comme le voulait l'usage, je les ai cachées dans mes poches, ajoutant que je les en sortirais seulement si j'étais frappée sur les deux paumes et non sur le dos d'une seule main. Devant mon entêtement, la maîtresse me mit dans un coin, face au mur où j'enrageais, non de la punition, mais de la soumission dont faisaient montre mes camarades qui subissaient leur peine en silence, alors que la dureté des coups leur arrachait des larmes. Je sus très vite que j'avais eu raison de m'insurger. Convoquée par la directrice, je lui racontai la scène ; son regard reflétait ma victoire. Au cours suivant, je regagnai la classe sans avoir été battue, et l'institutrice ne revint plus sur cette histoire. Le lendemain, une élève était punie. La règle se leva et elle s'abattit sur ses paumes. Sur une paume, puis sur la deuxième. Ma victoire ne devait pas s'arrêter là ; lors de la réunion trimestrielle de parents, la question des sanctions fut évoquée et la décision fut prise, à l'unanimité, de s'en tenir aux coups classiques, c'est-à-dire donnés légèrement, et sur les paumes. J'avais gagné.

Ma famille était un joyeux mélange de tribus et de couleurs, de Noirs et d'Arabes, mais nous nous considérions tous soudanais, et nous étions tous musulmans. Des familles animistes et chrétiennes, pour la plupart venues du sud du pays, habitaient notre rue et notre quartier. Leurs enfants fréquentaient, comme nous, l'école du quartier, et partageaient nos jeux dans la rue. Nous échangions même des visites. Cependant, ma grand-mère avait été formelle sur un point :

— Tu peux jouer avec eux, tu peux aller chez eux, tu peux même manger à leur table, mais ne prends jamais de leur viande.

Elle m'avait expliqué les règles du halal, littéralement le licite, l'obligation faite aux musulmans de se nourrir de bêtes égorgées dans la direction de La Mecque, égorgées bismillah, au nom d'Allah.

— Mais *habouba*, comment savoir, quand ils m'offrent des galettes, si elles sont fourrées de viande ou de légumes ?

— Ne prends pas de galettes, mange du pain, des salades, des fruits.

J'avais obéi à ma *habouba* pour ne pas la décevoir.

A Oum Dourman, les fêtes religieuses avaient une aura particulière. Les écoles fermaient, les commerces aussi, les jardins publics se paraient de lampions et de balançoires, nous avions même le droit d'aller au cinéma assister à un film égyptien ou indien, ce qui nous était interdit durant le reste de l'année. Nous jeûnions pendant tout le mois du ramadan, et pour la fête de la rupture du jeûne, la grande fête de l'islam, nous achetions un mouton et nous louions les services d'un égorgeur qui tuait l'animal devant notre maison et le dépouillait de sa peau. Nous formions un large cercle autour de lui et nous regardions, fascinés, la bête se débattre pendant que son sang coulait à flots à même la rue. Ma grand-mère et ma tante faisaient ensuite cuire le mouton tout entier, et nous invitions la famille élargie à le partager avec nous.

L'atmosphère de la fête de rupture du jeûne était très joyeuse, mais j'attendais avec impatience une autre fête, le Mouled, celle de la naissance du Prophète. Selon le calendrier de l'hégire, observé par les musulmans, le Mouled est célébré au milieu du mois appelé « premier printemps », qui ne coïncide pas forcément avec le printemps de l'année solaire, mais dont le nom suffisait à me faire rêver, moi qui n'avais jamais connu cette saison au Soudan. Le premier jour du mois, un énorme cortège sillonnait Oum Dourman, conduit par des cavaliers qui ouvraient la voie aux membres des confréries soufies et aux derviches, puis à la foule qui les suivait. Leurs chants retentissaient à travers la ville, et nous les entendions, au loin, se rapprocher de la grande rue de Arda. L'impatience nous gagnait et, quand le cortège parvenait au bout de la rue, les youyous des femmes retentissaient, à peine couverts par les cris des enfants. Nous étions tous habillés de neuf, et ma *habouba* me serrait fort la main. Nous attendions le passage des cavaliers et des derviches pour nous faufiler dans la foule que nous escortions jusqu'à son point d'arrivée : l'énorme esplanade de la place des Califes où les soufis dressaient leurs tentes et où, pendant douze jours, résonnaient leurs prières et leurs mélopées à la gloire du Prophète. La tradition du Mouled n'a pas varié à Oum Dourman. Aujourd'hui encore, les chants soufis résonnent sur la place des Califes, sillonnée par les marchands de gâteaux en forme de poupées, fourrés de dattes et de noix, colorés de rouge, de jaune ou de vert, devant lesquels j'étais prise d'incertitude : quelle poupée me fallait-il choisir ?

Lors des vacances scolaires, nous nous rendions fréquemment à Wad Madani où vivait le père de ma mère, Saad Maamari. Il s'y était installé en 1919 venant de son Yémen natal et, comme beaucoup de

Yéménites au Soudan, avait songé ouvrir un commerce. Cette activité était dédaignée par les Soudanais qui lui préféraient la vente itinérante sur les marchés, les souks qui se déplacent de quartier en quartier. Ma grand-mère avait jugé l'idée excellente et l'avait orienté vers la boulangerie, un type de commerce qui n'existait pas alors à Wad Madani où les femmes cuisaient leur pain de maïs à domicile. Elle l'avait ensuite poussé à moderniser sa boulangerie en remplaçant le four à bois par un four à gazole, puis à confectionner des pains de blé et des galettes de millet qui remportèrent un énorme succès, en particulier auprès des élèves des écoles avoisinantes et de leurs enseignants qui en firent leur repas de midi.

Peu à peu, la réputation de la boulangerie de mon grand-père s'étendait, les restaurants et les auberges de la ville s'approvisionnaient de son pain et, toujours sur les conseils de *habouba*, il investit dans des rickshaws, les voitures-motocyclettes à trois roues qu'il fit venir d'Inde et avec lesquelles il livrait ses clients. La fortune venant, il s'était fait bâtir une belle maison en pierres qui s'ouvrait directement sur la mer, c'est-à-dire sur le Nil Bleu, et il l'avait ornée de ces objets rares dont il aimait s'entourer, des sculptures en ivoire et des meubles en ébène. Il s'était également offert un téléviseur en noir et blanc et, chaque jour, à l'heure du feuilleton égyptien, vingt ou trente personnes, adultes et enfants, voisins et amis, s'agglutinaient autour du poste dans un silence quasi religieux. J'étais fascinée par leur spectacle, moi qui venais d'Oum Dourman où les téléviseurs n'étaient pas rares dans les maisons.

Il nous fallait trois heures pour rejoindre Wad Madani en empruntant, avec nos bagages, les transports en commun. Dès la descente de l'autobus, nous étions propulsés au milieu de la foule des mendiants attirés par les tombeaux de saints qui émaillent la ville. Les pèlerins étaient tout aussi nombreux à se rendre sur ces tombeaux, qui pour demander grâce, qui pour remercier Allah, et ils ne manquaient pas de glisser une aumône, un « supplément de prières », à ceux qui leur tendaient la main. J'accompagnais volontiers ma tante lors de ses visites aux saints, mais ce ne sont pas tant les tombes surmontées de coupoles qui m'attiraient, que les « arbres des miséreux » sous lesquels des marchands avaient pris la place des « miséreux » pour vendre des oiseaux de toutes les couleurs, des mangues, des goyaves, des fruits de saison. A la maison, notre jeu favori consistait à braver l'interdit d'aller au bord de ce que non appelons chez nous la mer, sur les rivages du Nil qui jouxtait la maison de mon grand-père. Les adultes avaient peur pour nous de la noyade. Nous n'avions d'yeux que pour les pêcheurs qui, moyennant quelques piécettes, et parfois sans contrepartie, nous emmenaient sur leurs barques jusqu'au milieu du fleuve.

Ma promenade préférée nous conduisait au grand parc de la ville, Oumbarouna, où des centaines de singes avaient élu domicile dans les arbres géants. Avec mes cousins, nous courions, la tête levée vers le ciel, tentant en vain de rattraper les singes qui s'envolaient entre les branchages, leur tendant des oranges et des bananes pour les attirer. A force de suppliques, je finissais toujours par convaincre les adultes qui nous accompagnaient de m'offrir l'un des bébés singes que les marchands alignaient dans des cages. Je le serrais dans mes bras, c'était mon plus beau cadeau, plus beau encore que les jouets et les vêtements que mon père me ramenait d'Arabie. Nous étions heureux. Des années plus tard, je suis revenue dans ce parc, avec l'espoir d'y retrouver quelques bribes du bonheur évanoui. Il n'en restait plus grand-chose : le paradis de mon enfance avait subi les mêmes malheurs que le reste de mon pays.

J'avais sept ans quand le grand jour vint pour moi. Ma mère, ma tante et ma grand-mère me parlaient depuis plusieurs semaines de la fête qui serait donnée, du mouton qui serait égorgé, des cadeaux que je recevrais en quantité. J'avais même eu droit, dans les jours qui précédaient, à une cérémonie de henné rouge, et j'étais très fière de mes mains et de mes pieds ainsi ornés, semblables à ceux d'une mariée, si ce n'est la différence de couleur du henné appliqué. On m'avait aussi annoncé la venue d'une

« purificatrice », je savais qu'elle venait pour moi mais j'ignorais ce qu'elle entendait exactement purifier en moi. Seule certitude : les événements qui allaient advenir étaient inévitables, incontournables dans la vie d'une femme.

J'avais sept ans quand j'ai été excisée. J'ai eu mal. J'ai eu terriblement mal. Les youyous de la fête ne couvraient pas ma douleur. J'ai eu mal pendant dix jours. La famille, les voisins, les amis affluaient pour me féliciter, maman et ma *habouba* me cuisinaient des plats fortifiants que je repoussais, ma meilleure amie avait été choisie pour m'assister durant cette période, je n'arrivais même pas à l'écouter. Je suis restée allongée, en attendant la cicatrisation que l'on promettait chaque jour pour le lendemain. Je n'en voulais pas aux miens, je n'en voulais pas même à l'exciseuse. Je savais depuis toujours que le fait de ne pas être excisée était la pire des tares pour une Soudanaise musulmane, et que « fils de non-excisée » était la pire injure que l'on pouvait adresser à un individu dans mon pays. Au onzième jour, je me suis levée. Comme l'exige la coutume, nous nous sommes rendus en cortège sur les bords du Nil où j'ai plongé mes jambes tandis qu'on me récitait des versets du Coran, comme on le fait pour une mariée. Les semaines sont passées, j'ai été à mon tour l'accompagnatrice de l'amie qui m'avait assistée pendant mes dix jours de souffrances. Au lendemain de son excision, la plaie a cédé.

L'exciseuse est revenue une deuxième, puis une troisième fois. On m'a sortie de sa chambre au bout de quelques jours. Un mois plus tard, mon amie est morte. Morte d'avoir été excisée.

Cette coutume perdure dans mon pays. Elle concerne essentiellement les musulmanes, elle épargne les animistes et les chrétiennes. Certains prétendent que l'islam l'exige ; nul n'a jamais réussi à trouver la moindre ligne dans le Coran ni dans les hadiths, les dires du Prophète, pour asseoir cette affirmation. La plupart se contentent aujourd'hui de l'excision clitoridienne, celle qui consiste en l'ablation du clitoris et des petites lèvres. Elle suffit, disent-ils, à s'assurer que leurs filles resteront sages jusqu'au mariage. Et préserveront ainsi l'honneur de leurs parents. Au Soudan, on la nomme la sunna, un mot qui définit également l'orthodoxie religieuse. D'autres sont plus radicaux et préfèrent l'excision pharaonique, appelée ainsi parce qu'elle était pratiquée dans l'Egypte ancienne, et qui est pourtant aujourd'hui interdite par la loi soudanaise : après l'ablation du clitoris et des petites et grandes lèvres, la vulve est suturée, à l'exception d'un petit orifice qui laisse péniblement passer l'urine et le sang menstruel.

Je connais aujourd'hui des femmes instruites et diplômées, des femmes actives qui mandent l'exciseuse pour « assurer l'avenir » de leurs filles. Je connais des femmes simples, des femmes du peuple qui, n'ayant jamais oublié leurs propres souffrances, ont refusé cette coutume pour leurs enfants.

Je connais des hommes brillants qui, après chaque accouchement, exigent de leur épouse qu'elle soit à nouveau « nettoyée » et suturée ; son abstinence forcée garantira leur « honneur ». Je connais des filles qui continuent de mourir pour avoir été « purifiées » dans des conditions sanitaires déplorables. Je connais des hommes et des femmes qui ne demandent qu'à être convaincus d'abandonner cette pratique, pour peu qu'on leur prouve qu'elle n'appartient pas à la sunna, la loi musulmane. Mais que vient donc faire l'islam dans cette galère ? L'islam est-il ce « docteur de la loi » qui se livrait récemment à une diatribe contre le pantalon ? « Même seule dans sa chambre à coucher, la femme n'a pas le droit de revêtir ce vêtement, parce qu'elle n'a pas le droit de se déguiser en homme », dit-il avant de préconiser, au nom de son islam, le port d'un nikab voilant la femme tout entière, à l'exception d'un seul œil. L'islam est-il ces auteurs de fatwas, de prétendus cheikhs qui, au nom de je ne sais quelle religion, ont interdit la vaccination des enfants ?

J'ai neuf ans et je pleure mon père. *Habouba* essaie de me consoler. Elle ne sait pas, je ne sais pas non plus, que c'est la fin d'un monde que nous sommes en train de pleurer. La fin des années d'insouciance…

3

La fin d'un monde

A la mort de mon père, à l'âge de soixante ans, au début de l'année 1982, ma mère s'est installée avec nous, dans la maison d'Oum Dourman. Après les mois de deuil, la vie a lentement repris son cours. J'étais désormais différente des autres enfants : je n'avais plus de papa. A l'école, laisser vide la case « profession du père » me plongeait dans un immense désarroi. A vrai dire, j'étais gênée de ma différence que je ressentais comme une tare. Nous ne recevions plus les présents auxquels il nous avait accoutumés, les jouets et les habits qu'il nous ramenait d'Arabie, et sur ce point au moins, je redevenais comme les autres.

Habouba écoutait de plus en plus souvent la radio. Ce ne sont ni la musique ni les programmes de divertissement qui l'intéressaient, mais les informations. Quand le journal se terminait, une ride se formait sur son front. Elle semblait soucieuse.

Amal, l'aînée de mes cousines, qui était au lycée, se plongeait dans sa pile de journaux dont elle ressortait révoltée. Même les voisines, quand elles venaient siroter un thé chez nous, s'interrogeaient sur la légitimité religieuse de ce qui se passait au Soudan et dont je n'avais alors qu'une idée confuse. Je me réfugiais dans les poèmes que j'aimais composer, je jouais dans la rue, l'insouciance de l'enfance avait repris le dessus.

En septembre 1983, le président soudanais Gaafar Noumeiry a introduit la charia, la loi islamique telle qu'il l'interprétait, dans le code pénal.

— L'islam est bonté, il n'est pas punitions, a tempêté ce jour-là Amal.

Et elle m'a installée à côté d'elle, à côté de *habouba* et de ma mère, pour suivre les informations à la télévision. Mes yeux se sont écarquillés d'horreur : des hommes, des habitants de Khartoum, étaient amputés d'une main parce qu'ils avaient volé ! Dès lors, je suivais chaque soir les informations, drôle d'appellation donnée à une litanie ininterrompue de noms, de photos et de châtiments infligés selon leur charia : amputations, coups de fouet, condamnations à mort se succédaient dans un sinistre enchaînement. Je n'avais même pas osé sourire quand on avait montré les images des flots de gin et de whisky déversés dans le Nil, parce que l'alcool était désormais prohibé au Soudan. Le lendemain, Amal m'avait montré une caricature publiée dans un journal, où l'on voyait les poissons ivres d'avoir trop bu. Je n'avais pas pu retenir mon rire, Amal était catastrophée, elle me tenait la main et me racontait la réalité de ce qui se produisait dans le pays :

— Les juges qui refusent d'appliquer la charia ont été renvoyés chez eux. Des incompétents ont été nommés à leur place. Ils ignorent tout, et de l'islam, et du droit. Peux-tu essayer d'imaginer, une seule seconde, ce qui adviendra dans un pays où la justice, la vraie justice, n'existe pas ? C'est la porte ouverte à tous les abus. Un cauchemar se prépare pour toi, pour moi, pour nous. Nous revenons au Moyen Age.

Amal me parlait comme à une adulte, et je voulais me montrer à la hauteur de la confiance qu'elle plaçait en moi. A force de lire, d'écouter, j'avais reconstitué le fil des événements. Le coup d'Etat, en 1969, de Gaafar Noumeiry qui a démarré sa vie politique dans le sillage du nationalisme socialiste arabe et du leader égyptien Nasser. Son rapprochement progressif des Frères Musulmans (et des Etats-Unis) pour se protéger de l'opposition communiste soutenue par l'Union soviétique – à laquelle il avait tourné le dos après plusieurs années de lune de miel. La formation, en 1977, d'un comité d'experts présidé par Hassan Tourabi, chargé d'étudier les moyens d'introduire la charia dans la loi. Les échecs successifs de ce comité qui ne réussit qu'à imposer un « impôt islamique » et le glissement du régime vers la terreur et la dictature. Puis, en 1983, l'imposition des « lois de septembre », c'est-à-dire leur charia.

Dans les rues, l'allure des femmes avait changé. Celles qui avaient abandonné le thob traditionnel, un tissu coloré de quatre ou cinq mètres savamment enroulé autour de la tête et du corps, pour s'habiller à l'occidentale, rallongeaient la longueur de leurs ourlets. Mini-jupes et débardeurs avaient disparu des rues d'Oum Dourman.

J'avais dix ans, et j'avais déjà la nostalgie du passé. Avec un serrement de cœur, je me rappelais ces deux jeunes filles que j'avais vues passer, autrefois, il y a bien longtemps, il y a deux ans, quand je me rendais à la poste pour envoyer à mes parents l'une de ces longues épîtres que je leur adressais chaque semaine, six pages au moins pour leur raconter par le menu la vie de la maisonnée. Elles étaient belles, elles riaient. Un vieil homme, revêtu de la robe blanche traditionnelle, s'était approché d'elles, leur avait parlé, puis avait ôté sa omma, son turban, il l'avait défait en un long ruban, l'avait coupé en deux et avait tendu à chacune des filles un pan pour recouvrir leurs cuisses dénudées. Il ne l'avait pas fait au nom de la charia, mais de la tradition. Il ne l'avait pas fait méchamment, mais au contraire, avec générosité. Les deux filles auraient pu jeter les morceaux de turban à terre, néanmoins le vieil homme leur avait parlé avec respect, et c'est donc avec respect qu'elles se sont exécutées. Il est fort probable que quelques pas plus loin, elles avaient défait le tissu qui enserrait leurs jambes. J'étais pressée d'arriver à la poste, je ne les avais pas suivies. Leurs jupes sont désormais au fond d'un tiroir…

D'autres événements allaient bientôt ébranler notre quotidien. En même temps qu'il avait promulgué les « lois de septembre », Gaafar Noumeiry avait mis fin aux accords d'Addis-Abeba signés en 1972 qui offraient un statut d'autonomie au sud du pays, un Sud africain, majoritairement chrétien et animiste, alors que les nordistes sont, pour la plupart, arabes et musulmans. Une mutinerie s'ensuivit dans les rangs de l'armée, et le colonel John Garang se réfugia en Ethiopie pour fonder ce qu'il appela l'Armée de Libération des Peuples du Soudan, connue sous son acronyme anglais, SPLA.

Après une interruption de dix ans, la guerre reprit entre le Nord et le Sud, et le journal télévisé lui accorda autant de place qu'aux victimes de leur charia. Autant nous étions scandalisés par l'application de ce qu'ils appelaient la loi islamique, autant nous soutenions nos braves soldats qui, par leur vaillance, allaient rétablir l'unité dans le pays. C'était à l'époque une guerre entre deux armées. Les sudistes en payaient bien sûr le prix, mais les civils n'étaient pas encore transformés en cibles. Il y eut des morts parmi les habitants de notre quartier, des jeunes gens qui étaient soldats ou officiers, ils étaient pleurés, toutefois les adultes autour de moi considéraient tous qu'ils avaient accompli leur devoir. Qu'ils étaient morts pour le Soudan.

En 1984, la pluie a cessé de tomber sur une grande partie de mon pays, en particulier sur Kordofane et sur le Darfour. Devant la maison, la savane s'est transformée en désert. Le vallon où s'abreuvaient les bêtes s'est asséché, puis il s'est craquelé. Les autorités étaient trop occupées à faire la guerre et à appliquer la charia pour se pencher sur le problème de la nourriture qui commençait à manquer. Dans le centre du pays où s'étendent les plaines agricoles, l'herbe a jauni, les puits se sont asséchés, les hommes affamés ont vu leurs troupeaux dépérir et les ventres de leurs enfants gonfler. Ils avaient faim, ils ont abandonné leurs maisons en quête d'un morceau de pain, de maïs, d'une racine. En quête d'eau. Ils ont fouillé les fourmilières à la recherche des graines.

A Oum Dourman, nous les avons vus venir. Ce n'étaient plus des hommes, mais des squelettes qui erraient dans les rues, qui frappaient aux portes des maisons. Les enfants s'agrippaient aux jambes de leurs mères qui n'avaient plus la force de les soulever. Comment les auraient-elles soulevés quand elles ne parvenaient même pas à bouger la main pour chasser les mouches qui dévoraient leurs yeux, qui envahissaient leurs bouches ? Quand elles ne parvenaient même pas à tendre la main pour quémander un bout de pain, leur salut ? Nous ne leur donnions rien, parce que nous ne pouvions rien leur donner. Et aurions-nous donné à un, que trois, dix, cent autres seraient venus.

Le spectacle de la misère a bientôt fait partie du décor de notre quartier, de notre ville, de notre pays. L'odeur de la mort a envahi le Soudan. Je m'étais accoutumée à côtoyer ces cohortes de miséreux qui, quelques mois plus tôt, me faisaient trembler. Je les croisais sur la route de l'école – j'avais rejoint l'école complémentaire –, mais nous avions cessé de jouer dans la rue. La famine a culminé tant que la pluie s'est refusée à nous, c'est-à-dire pendant deux ans. Et pendant deux ans, le président soudanais a pris la parole devant les caméras de télévision pour répéter que le bonheur avait envahi le pays.

Bientôt, la faim a menacé tous les Soudanais. Même si, à la maison, nous avions tous les jours de quoi assurer notre repas, les conditions de vie devenaient plus dures. L'opulence d'antan n'était plus qu'un vieux souvenir, les prix des denrées grimpaient de jour en jour. « Tout va très bien dans le pays », clamait Noumeiry. Des cartes de rationnement en sucre, en huile, en riz, furent distribuées à tous les adultes et à tous les enfants. Chaque semaine, nous allions en famille rejoindre l'interminable queue devant le centre de distribution et attendre que notre tour arrive pour recevoir nos rations et les rapporter à la maison. Ma grand-mère cachait le sucre dans son armoire, elle ne le laissait plus traîner à la cuisine comme elle en avait autrefois l'habitude. Les mariages et les excisions ne se célébraient plus avec faste, les festivités s'étaient éteintes. L'eau et l'électricité étaient sévèrement rationnées, les chansons populaires ne parlaient plus des femmes et de l'amour mais… de l'électricité. Je suivais avec assiduité le journal télévisé du soir et ses interminables listes de coupables fouettés, amputés ou exécutés, et à la radio, les journaux de la BBC en arabe : pour moi, les informations avaient cessé d'être virtuelles, elles me touchaient dans mon être, elles déterminaient ma vie quotidienne. J'avais pleuré comme tout le monde en voyant les foules immenses qui s'étaient jetées dans les rues de Khartoum pour exprimer leur désarroi après le procès et l'exécution de Mahmoud Mohammed Taha, un intellectuel réformiste, profondément croyant mais tout aussi profondément opposé à leur loi islamique qui pesait sur le Soudan. Il a été condamné à mort pour apostasie. Taha avait, par ses diatribes, fortement contribué à faire prendre conscience à notre peuple de la réalité de ce qui se passait. Sa mort a plongé le pays dans un indescriptible accablement. Nous sentions qu'une page de notre histoire se tournait. La prophétie d'Amal commençait à se réaliser.

Les manifestations se sont poursuivies, elles se sont muées en intifada, en révolte des étudiants. A l'école, nous reconnaissions l'ampleur et la gravité d'une manifestation à la quantité de pierres qui s'abattaient sur le toit en tôle de nos classes. Une sorte de sixième sens s'était développé en nous ; nous savions quand la grogne populaire et la répression policière commençaient à dégénérer, nous ramassions nos livres et nos cahiers, et nous nous précipitions à la maison. J'aimais l'école, j'étais assoiffée d'apprendre, et je détestais ces journées de congé forcé qui se multipliaient et dont se délectaient certaines de mes camarades.

Peu de temps après l'assassinat de Mahmoud Mohammed Taha – c'est ainsi que nous appelions son exécution –, un coup d'Etat populaire a mis fin à la dictature de Noumeiry qui était à ce moment en déplacement à l'extérieur du pays. L'espoir, pour nous, fut cependant de courte durée. Certes, les premières élections libres, auxquelles j'étais trop jeune pour participer, ont amené au pouvoir un opposant à Noumeiry, Sadek el-Mahdi, qui promit de remettre un peu d'ordre dans le pays en formant un gouvernement d'union nationale auquel la rébellion sudiste de John Garang refusa de participer. La famine continuait de faire des ravages, les prix de grimper, mais l'application des « lois de septembre », nom que l'on donnait à la charia de Noumeiry, avait été suspendue. Puis à la sécheresse succédèrent des inondations ravageuses. J'avais été plongée, malgré moi, depuis mon plus jeune âge, dans la marmite de la politique ; au lycée que j'avais rejoint, je me passionnais pour les méandres de l'actualité de mon pays. J'avais frémi d'impatience quand le gouvernement avait proposé une paix aux sudistes, j'avais sauté de joie quand il avait promis l'instauration d'un nouveau code pénal, un code « laïc » semblable à celui qui avait cours avant 1983. Les partis politiques avaient droit de cité au lycée. Les partis traditionnels s'y faisaient timides, au nom de principes pédagogiques, laissant le champ libre, d'une part aux partis laïcs de gauche, les communistes et le Baas d'inspiration syro-irakienne, d'autre part aux islamistes qui disposaient de toute évidence de fonds importants et menaient une fructueuse campagne de séduction auprès des jeunes. D'ailleurs, avec leurs slogans trompeurs, ils avaient rapidement eu le dessus sur les partis de gauche. Je m'étais plongée dans leurs publications, j'en étais ressortie avec un goût d'amertume. Leur discours tenait en deux mots : le jihad, c'est-à-dire la guerre sainte, et la promesse du Paradis. Qu'en était-il de la justice, du droit, de la démocratie ? Oubliaient-ils que la politique signifie la gestion de la vie du citoyen ici-bas, et non dans l'au-delà ?

— En l'état actuel des choses, nous sommes la seule planche de salut pour le Soudan. Tu verras, quand nous arriverons au pouvoir, nous nous préoccuperons enfin du quotidien. Plus aucun Soudanais n'aura faim, la justice et l'ordre seront rétablis, me répétait l'une des responsables de la branche lycéenne du Front Islamique du Salut, le parti institué par Hassan Tourabi.

— Vous avez été au pouvoir pendant sept ans, avec les Frères Musulmans, aux côtés de Noumeiry. Qu'avez-vous réalisé, sinon nous conduire au marasme actuel ? lui répondais-je.

Je n'obtenais que des réponses ambiguës, sans consistance, de longs monologues contant les promesses islamistes pour l'au-delà. Nos discussions étaient d'autant plus fréquentes que je m'étais présentée aux élections estudiantines sous une étiquette indépendante. J'étais proche d'un parti traditionnel, le très ancien Parti Unioniste Démocratique qui avait participé à la lutte pour l'indépendance de 1956, et qui avait obtenu la majorité dans le premier Parlement soudanais, avant l'indépendance. Ce parti se reconnaissait dans la mouvance soufie, mais je lui reprochais son absence d'idéologie forte. Je m'étais aussi intéressée au communisme, mais il ne m'avait pas plus séduite que l'islamisme : j'étais trop éprise de liberté pour me laisser enfermer dans un carcan idéologique. C'est en tant qu'indépendante que j'ai remporté les élections dans ma section.

En 1988, Mohammed Othman Marghani, président du Parti Unioniste Démocratique qui participait au gouvernement, s'est rendu auprès du chef sudiste John Garang pour conclure un accord de paix entre le nord et le sud du Soudan. Il revint à Khartoum le 16 novembre, porteur d'un accord, donc d'un espoir. Je suis descendue dans la rue, au milieu d'une foule immense, pour accueillir et soutenir Marghani. Peu auparavant, j'étais restée collée devant mon poste de télévision quand les combats avaient repris à la frontière entre les deux parties du pays. Deux bourgades étaient tombées entre les mains des sudistes, la presse islamiste s'était déchaînée. Le peuple avait pris peur : les sudistes, leur disait-on, se préparent à envahir la capitale, à égorger les musulmans. L'état d'urgence, l'état de guerre doit être décrété immédiatement, insistaient les islamistes. Non pas n'importe quelle guerre, mais celle qui va protéger les musulmans. Le jihad, la guerre sainte. En dépit de quoi, le gouvernement d'El-Mahdi a entériné l'accord ramené par Marghani. Mais il n'a pas eu le loisir de l'appliquer. L'idée islamiste selon laquelle cet accord s'opposait à la charia l'a, en effet, emporté. La nuit du 30 juin 1989, le gouvernement de Sadek el-Mahdi a été renversé. Le général Omar al-Bachir, qui a pris le pouvoir, s'est présenté au matin comme un militaire venant rétablir l'ordre et mettre fin aux pénuries. La rumeur courait déjà dans le pays : ce coup d'Etat n'était pas militaire, mais islamiste. Al-Bachir n'était que la façade galonnée du redoutable Hassan Tourabi, un ancien Frère

Musulman qui avait présidé sous Noumeiry le comité de rétablissement de la charia et qui s'était reconverti dans une idéologie encore plus radicale et meurtrière.

— Dans quelle jungle vivons-nous ?, demandais-je à mes amies dans le mini-bus qui nous conduisait au lycée.

Le lycée public auquel je m'étais inscrite était plus éloigné de la maison que l'école et le collège. Les mois où nous en avions les moyens, je m'abonnais aux services de transport. Les autres mois, je parcourais la distance à pied, ce qui me prenait une bonne demi-heure de marche. Ce matin-là, dans le bus, la discussion s'est animée. Je n'en démordais pas :

— Quelle religion permet de tuer un homme au milieu de son argent ? Seules la loi des pirates et celle des bandits de grands chemins autorisent cette pratique !

C'est pourtant la loi de l'Etat, leur charia, qui avait condamné à mort Majdi Mahjoub et imposé qu'il soit exécuté au milieu des quelques milliers de dollars qu'il avait cachés chez lui alors que les Soudanais avaient reçu ordre de remettre leurs devises étrangères à l'Etat. Il était le fils d'un banquier qui avait également été le premier importateur de voitures au Soudan et dont la plupart des biens venaient d'être nationalisés. Sa mère s'était rendue à la présidence de la République, implorer la clémence d'Al-

Bachir. Il la lui avait promise, et, selon la tradition soudanaise, il se devait de tenir sa promesse. Pourtant, le lendemain, la famille était convoquée pour récupérer le corps du jeune homme. Exécuté au milieu de ses dollars. « Qui sont ceux-là et d'où viennent-ils ? » a déploré alors le grand écrivain soudanais Al-Tayeb Saleh. Ce fut le début d'une série d'exécutions pour détention de devises qui émaillèrent les années 1990 et 1991. En 1992, les autorités revenaient sur leur décision inique : les Soudanais étaient de nouveau autorisés à détenir de l'argent étranger. Les larmes des familles des condamnés à mort n'avaient pas encore séché que le plus grand changeur soudanais se voyait décerner la médaille du mérite par ceux-là mêmes qui avaient exécuté leurs fils. Pour une poignée de dollars. L'un des hauts responsables du conseil de la révolution avait, en ces années de terreur, été surnommé « Mister dollar », tant était grande son avidité pour les devises. Dans quelle jungle vivons-nous ?

Lors du premier ramadan qui a suivi l'arrivée d'Al-Bachir au pouvoir, un autre événement devait ébranler jusqu'aux plus fervents supporters du régime : l'exécution de vingt-huit officiers lors de la nuit du Destin, la vingt-septième de ce mois sacré, au cours de laquelle la tradition affirme que les portes du Ciel s'ouvrent devant les suppliques des fidèles. Leurs corps n'ont jamais été rendus à leurs familles. Une barrière psychologique s'est élevée entre le peuple et les islamistes qui avaient entretemps imposé la loi martiale. Il n'y eut que ricanements quand Omar al-Bachir promit de redresser la livre soudanaise : sans lui, dit-il, il aurait bientôt fallu échanger 20 livres pour obtenir un dollar. Peu après, la valeur du dollar atteignait 2 750 livres. A ce moment, les activités politiques avaient été interdites dans les lycées et les universités, et les cellules des partis dissoutes, seules les « Associations du Saint Coran » restaient autorisées. Elles étaient des couvertures au parti islamiste de Hassan Tourabi, la tête pensante du pouvoir, et d'ailleurs elles ne cherchaient même pas à s'en dissimuler. Les journaux ont été nationalisés, tous les responsables de partis politiques incarcérés, y compris Hassan Tourabi. Dix ans plus tard, celui-ci reconnaîtra avoir dit à son compère Al-Bachir, à la veille de leur coup d'Etat : « Si tu vas à la présidence, j'irai en prison. »

Dès l'arrivée d'Al-Bachir au pouvoir, le rêve islamiste se réalisait : la guerre contre le Sud était officiellement décrétée jihad, et ses morts des martyrs de l'islam. A la télévision, d'interminables reportages étaient consacrés aux gamins de seize ou dix-sept ans qui s'enrôlaient volontairement pour cette guerre et subissaient des séances d'endoctrinement. J'ai vu certains de nos voisins envoyer leurs garçons au jihad, et leurs filles au service volontaire de défense civile où elles apprenaient le maniement des armes – en hijab, évidemment. Il faut dire que la fréquentation de ces camps était gage de promotion dans l'administration. J'ai entendu les youyous précédant les cortèges de « mariage du martyr ». J'ai vu ces cortèges s'arrêter devant de pauvres maisons, déverser leurs sacs de sucre, de lentilles, d'huile et de riz, déverser leurs privilèges aux familles, déverser leurs soldats hilares qui pénétraient dans les maisons en clamant : « Réjouissez-vous ! Aujourd'hui, votre fils est un fiancé, votre fils est un martyr, votre fils est mort pour Allah. » J'ai entendu des mères répondre aux youyous par des youyous. J'en ai vu d'autres, beaucoup d'autres, qui s'effondraient, qui les chassaient même en leur renvoyant au visage les sacs qu'ils leur apportaient. Mais toutes n'avaient d'autre choix que de répondre à l'invitation des universités qui organisaient de pompeuses cérémonies de remise de diplômes honorifiques aux martyrs. Comme si les diplômes leur seraient d'aucune utilité au paradis ! J'ai vu des jeunes gens arrêtés dans les rues et enrôlés de force sous l'appellation de « volontaires » : au bout de quarante-cinq jours d'entraînement, ils rejoignaient le front. Beaucoup n'en sont pas revenus. Les meilleurs n'en sont pas revenus, y compris parmi ceux qui se battaient pour une conviction idéologique. Eux, au moins, avaient un idéal. Sont restés ceux qui les envoyaient au combat. Pour se maintenir au pouvoir.

A Wad Madani, dans la maison du bord du Nil, mon grand-père avait vieilli et il quittait rarement son lit. Sa vue avait baissé, mais c'est toujours avec plaisir qu'il me voyait arriver. Il me tendait une pile de journaux. Je m'installais à côté de lui, je lui en faisais la lecture, je l'écoutais les commenter. Il pestait contre les islamistes et, dans le secret de sa chambre, il pestait aussi contre les dirigeants arabes. Il me disait des paroles que je n'avais jamais entendues auparavant :

— Lubna, souviens-toi de ce que je vais te dire. Quand, en 1947, le roi Abdallah Ier de Jordanie a conseillé à ses pairs arabes d'accepter le partage de la Palestine, il a été un prophète. Je suis certain qu'il a parlé sous le coup d'une inspiration divine. Il a été qualifié de traître et assassiné. Mais l'histoire lui a donné raison : même en rêve, les Arabes ne se verront plus proposer un tel plan. Il faut savoir oser, il faut savoir affirmer ses convictions au lieu de suivre la foule comme un mouton.

A Oum Dourman, *habouba*, elle, restait vaillante. Toujours mince dans une société qui apprécie les femmes épaisses, elle a conservé, jusqu'à sa mort en 1997, toutes ses dents et une vision parfaite. Elle s'énervait quand elle me voyait me débattre pour enfiler un fil dans une aiguille. « Passe-la moi », lançait-elle d'un ton qui ne laissait aucune place à la discussion. Et elle l'enfilait d'un trait, sans chausser de lunettes. Mais elle n'avait plus le cœur à rire. La déformation de l'islam par les islamistes l'accablait, elle la fille de cheikh, la descendante d'une prestigieuse lignée de savants de la religion, elle qui, dès sa plus tendre enfance, connaissait son Coran sur le bout des doigts. Elle hochait la tête en écoutant les informations, elle s'abstenait même souvent de les écouter.

Au tout début des années 1990, la fin du jihad en Afghanistan a entraîné un afflux de combattants arabes au Soudan. Sans doute voulaient-ils poursuivre leur guerre sainte dans mon pays ? Notre gouvernement qui leur tendait les bras, notre gouvernement qui accueillait Oussama Ben Laden en héros, a voulu se montrer à la hauteur : les discours de propagande autour d'un projet moderne d'Etat islamique allant de l'Océan à la Méditerranée se multiplièrent à la télévision, à la radio, dans les journaux, dans les « rassemblements patriotiques ». Il était impossible d'y échapper, sinon pour tomber sur les chants jihadistes qui étaient enseignés aux jeunes et repris en boucle dans le pays. Et ce fut très vite la surenchère : bientôt cet Etat s'élargirait pour englober la Terre entière, bientôt l'Amérique s'effondrerait comme l'Union soviétique s'était effondrée avant elle. Des camps d'entraînement furent même inaugurés, c'est ce que l'on dit, je ne les ai pas vus. Quelques années plus tard, quand vint le temps des règlements de comptes entre anciens d'Afghanistan, Omar al-Bachir regrettera sa générosité. Du moins, je l'espère. Le premier incident sanglant se déroula dans notre mosquée d'Oum Dourman. Un groupe d'aspirants au martyre, tout aussi déviants que Ben Laden mais lui reprochant son laxisme, croyaient l'y avoir repéré alors qu'il ne quittait pas le quartier huppé de Khartoum où il s'était offert une splendide demeure. Ils voulaient la peau de Ben Laden : ils ont ouvert le feu dans la mosquée à l'heure de la prière du vendredi. Ce fut un carnage. Peu après, Ben Laden quittait le Soudan pour l'Afghanistan, non sans avoir exprimé ses divergences idéologiques avec ses hôtes qu'il jugeait trop laxistes en matière de charia. Notre peuple, qui avait l'hospitalité chevillée au corps et accueillait naturellement toutes les cultures et toutes les traditions, ne comprenait rien à ces étrangers auxquels il avait offert le gîte et qui le lui rendaient lâchement par le sang. En fait, tous les intégristes bénéficiaient des largesses de notre gouvernement. Y compris les intégristes chrétiens de l'Armée du Seigneur ougandaise, un mouvement de rébellion dont les dirigeants avaient pris leurs quartiers à Khartoum. Omar al-Bachir répondait ainsi aux autorités ougandaises qui soutenaient la résistance sudiste de John Garang. Quelques années plus tard, le même Al-Bachir autorisait l'armée ougandaise à pourchasser l'Armée du Seigneur jusque dans le cœur de notre capitale, livrant ainsi ses anciens alliés – comme il livra d'ailleurs le terroriste Carlos, son protégé, à la France, en 1994.

En 1991, Omar al-Bachir, secondé par Hassan Tourabi, donnait un tour de vis à la charia, improvisant des lois, alourdissant les peines déjà existantes, en rajoutant d'autres et instituant (pour plaire à Allah ou pour opprimer le peuple ?) une police de l'ordre public. C'est-à-dire une police des mœurs. Etaient-ils incompétents, comme l'avait pronostiqué Amal, ou bien diaboliques, ces juristes qui ont rédigé toutes ces lois, dont l'article 152 du code pénal, celui qui concerne les mœurs publiques ? En ne citant aucune faute, aucun comportement prohibé, en se contentant de stigmatiser « ce qui porte atteinte à la morale publique », ils ouvraient la voie à l'ère de terreur qui s'est abattue sur mon pays. Nous ne savions plus comment nous habiller, comment nous comporter. Les ancestrales traditions soudanaises furent brutalement déclarées « péché ». C'était le début d'un cauchemar.

4

Wad Madani ou la quête de la liberté

J'ai achevé mes années de lycée en 1991, au moment où notre gouvernement se piquait d'une « révolution de l'enseignement supérieur » dont on ne connaissait pas encore précisément les contours. Après quelques hésitations, et malgré les conseils de mes professeurs de littérature, en particulier l'un d'eux à qui j'avais confié certains de mes poèmes et qui me répétait que j'avais de l'avenir dans l'écriture, je m'étais orientée vers la filière scientifique. Mes notes en chimie m'ouvraient de belles perspectives, j'avais de bons résultats en mathématiques, et de toute façon, bien qu'aimant écrire, je ne pensais pas que l'on puisse vivre de sa plume.

Arrivée l'heure de l'inscription à l'université, j'ai été prise d'un soudain désir d'évasion. J'ai prospecté les établissements à l'étranger, j'ai retenu deux pays où les études me paraissaient adéquates à mon budget, l'Inde et la Yougoslavie – mais celle-ci entrait en guerre. J'ai entamé les démarches dans l'euphorie, sélectionné les universités dont les cursus me convenaient, minutieusement monté mes dossiers. J'étais heureuse de partir, de retrouver une vie normale, loin des mesquineries de ce qu'était devenu notre quotidien.

Mon départ se dessinait quand la « révolution » bachirienne de l'enseignement a été décrétée. En quelques minutes, mon rêve s'est écroulé. Le temps pour moi de comprendre les embûches désormais placées devant les étudiants aspirant à un ailleurs, devant tous les Soudanais aspirant à la normalité. Jusque-là, un taux de change de devises favorable nous permettait d'assumer les coûts de séjour, d'autant que, comme tout étudiant soudanais, nous pouvions bénéficier d'une bourse et d'une aide consistante au logement. La « révolution » a durci les conditions de change, imposant un taux officiel qui a rendu tout déplacement impossible, en tout cas hors de prix pour les familles moyennes. Le système de bourses en vigueur a également été annulé, au profit d'une caisse d'aide aux étudiants dont les fonds ont été répartis selon des critères impénétrables. Elle venait essentiellement récompenser la « loyauté » d'une famille plutôt que la situation financière d'un bénéficiaire. Les études universitaires, qui avaient pour langue l'anglais et pour horizon l'universel, ont été arabisées – je suis malheureusement un produit de cette réforme.

Enfin, la « révolution » devant être globale, les collèges ont été regroupés avec les écoles, mis dans les mêmes bâtiments, et les élèves entassés vaille que vaille dans des classes dont les murs ne s'étaient pas élargis, les lycées ont été déménagés dans les bâtiments des collèges, et à la place de certains d'entre eux ont été inaugurées des universités. Je préfère les appeler des pseudo-universités. Leur inauguration, quasi magique, s'est faite par un tour de passe-passe : sans plus s'intéresser à l'infrastructure académique, les autorités se sont contentées de décrocher les plaques sur les portails d'entrée, inscrivant « université » en lieu et place de « lycée ». Les professeurs ont été recrutés avec la même légèreté.

Mon inscription manquée dans une université étrangère m'a fait perdre une année d'études ; il était trop tard pour rejoindre un établissement soudanais, du moins dans la voie que j'avais choisie. Au Soudan, le choix de la filière universitaire est déterminé par les notes obtenues en fin d'études secondaires. Mes notes ne me permettaient pas de postuler à la faculté de médecine à laquelle aspiraient beaucoup de mes camarades – et d'ailleurs cette profession ne m'intéressait pas. Encore sous l'influence des leçons de jardinage et d'initiation à l'environnement que nous recevions à l'école primaire d'Oum Dourman, je me suis inscrite en faculté d'agronomie, à l'université Al-Jazira de Wad

Madani. Le Wad Madani de mon enfance que je n'étais pas mécontente de rejoindre, espérant y retrouver ne serait-ce qu'un arrière-goût de la saveur du passé.

Mon grand-père était décédé, ma tante Fatma habitait la maison du bord du Nil avec ses enfants, une fille et trois garçons dont certains s'étaient mariés et avaient eux-mêmes des enfants. Son mari, un Yéménite, tenait une petite épicerie qui faisait vivre la maisonnée où je retrouvais la chaleur et l'animation de mes jeunes années, les repas pris en commun, la vie collective du quartier. La boulangerie de mon grand-père n'existait plus : elle avait périclité quand il avait pris de l'âge, d'autres boulangeries, plus modernes, avaient été inaugurées en ville et, peu après sa mort, accablée par les taxes, elle a définitivement baissé ses rideaux. L'odeur du pain chaud me manquait.

La maison n'avait pas changé, si ce n'est la clôture donnant sur le Nil Bleu qui avait été condamnée, interdisant de ce fait les promenades sur les berges. Ma tante et son mari ne voyaient dans cet accès privilégié aucune utilité pratique et ne comprirent pas mes regrets. Il faut dire que la relation quasi charnelle qu'entretiennent les Egyptiens avec le Nil est absente du Soudan où les maisons (ainsi que les bâtiments du gouvernement) tournent le dos au fleuve au lieu de le regarder, et où celui-ci est souvent transformé en dépotoir : on y jette ses déchets, on y lave sa voiture, on se promène peu sur ses berges qui ne sont pas aménagées, ou alors à une large distance de son cours. Le temps de mes études, je me suis installée dans cette maison où ma tante m'avait réservé une petite chambre à l'étage, et au calme. Je pouvais y travailler, y recevoir mes amies, y écrire mes poèmes. De la fenêtre, je voyais le Nil Bleu s'alanguir et, au milieu du fleuve, l'île éternellement verte de Hantoub s'étirer. Je distinguais même, sur l'île, l'ancien lycée où avaient été formées des générations de politiciens, de médecins, d'ingénieurs venant de tout le Soudan. Un lycée prestigieux qui fut transformé en petite université…

L'université Al-Jazira étend son vaste campus à l'américaine à l'écart de la ville. Elle est une ville à côté de la ville. Outre les bâtisses dévolues aux différentes facultés et à l'administration, elle abrite des foyers pour filles et d'autres pour garçons où sont accueillis les étudiants qui n'ont pas d'autre lieu où loger, d'autres foyers pour les enseignants, et même une vaste ferme expérimentale. Or, avec la fin du système des bourses et des aides accordées par l'Etat, les étudiants venus d'autres provinces pour rejoindre cette université dotée d'un certain prestige n'ont plus eu les moyens matériels de louer une chambre à Wad Madani, ils se sont donc rabattus sur les foyers du campus… où toutes les demandes ont été acceptées. C'est ainsi que des chambres prévues pour deux personnes ont accueilli six à huit étudiants chacune, mais cela ne suffisait pas : des collèges ont donc été transformés en foyers, et dans les salles de classe qui accueillaient quarante élèves, des dortoirs ont été installés, accueillant quarante lits. Les salles de cours étaient également surpeuplées au point que l'on y avait difficilement accès et, dès la reprise des classes, s'apercevant de l'ampleur du désastre, les étudiants, islamistes et non islamistes confondus, ont manifesté leur colère à l'égard des pouvoirs publics. Ils ont bloqué l'accès aux salles de classe dans lesquelles un étudiant réussit quand même à se faufiler, et le professeur qui était présent lui délivra son cours. A sa sortie, le briseur de grève fut puni par les grévistes. Dérisoire punition qui consista à lui enfiler un hijab de femme et à le promener dans la ville. Le hijab dont on nous impose le port par la force, par la loi, serait-il donc une punition ?

Les esprits étaient déjà surchauffés par la « réforme administrative » mise en place par le régime l'année précédente, en même temps que la « révolution de l'enseignement ». La « réforme » avait consisté en une épuration de l'administration où plus de trois cent cinquante mille fonctionnaires avaient été licenciés au profit d'islamistes loyaux. Treize enseignants de l'université avaient été « épurés », ils étaient brillants et fort admirés, des étudiants s'étaient solidarisés avec eux et avaient entamé une grève. L'Etat avait sévi : dans l'urgence, des tribunaux d'exception avaient été montés, les grévistes, filles et garçons, avaient été condamnés chacun à vingt coups de fouet, et priés de reprendre le chemin des classes où des barbus avaient remplacé leurs professeurs. Ceux qui avaient refusé de s'exécuter avaient été exclus pour le reste de l'année. Nous les retrouvions sur les mêmes bancs que nous, décidés à continuer à se battre. Les treize professeurs n'avaient évidemment pas été réintégrés, nous avons appris plus tard qu'ils se sont exilés et ont retrouvé des postes d'enseignant dans les meilleures universités étrangères. Mon pays les a perdus.

Dès les premiers jours de la rentrée, les piquets de grève ont fait leur apparition : nous réclamions des conditions décentes pour pouvoir étudier. Nous avons manifesté, j'ai rédigé des tracts que je placardais sur les murs de l'université. Notre colère s'est calmée quand de riches négociants de Wad Madani ont proposé et financé, à la hâte, l'édification d'un bâtiment qui servirait d'annexe aux foyers des étudiants. Il fut achevé juste avant les vacances trimestrielles et réquisitionné pendant les vacances par l'administration qui agrandissait ses bureaux. Le trimestre suivant ne fut plus que grognes et manifestations. L'une d'entre elles dégénéra, la voiture du doyen de l'université fut renversée et incendiée. La sécurité d'Etat procéda à des arrestations : des centaines d'étudiants et treize étudiantes, dont je fis partie, ont été embarqués.

Nous avons tous été interrogés, nous avons tous été battus pendant les interrogatoires ; telle est la règle dans les commissariats, nul n'a protesté. Les garçons ont été jetés en prison, ils ont été battus pendant leur emprisonnement, j'entendais leurs cris, la nuit, depuis ma cellule. Les filles ont passé une ou deux nuits en prison puis elle ont été relâchées, l'une derrière l'autre. Une semaine plus tard, j'étais encore derrière les barreaux, encore interdite de visites.

— Pourquoi ne pleures-tu jamais ? m'a soufflé un gardien.

— Pourquoi faudrait-il que je pleure ? En quoi cela ferait-il avancer mon affaire ? Je veux juste savoir pourquoi je suis encore là alors que les autres filles sont dehors.

— Elles ont pleuré, elles ont gémi, elles sont sorties, me dit-il, livrant ainsi la clé de l'énigme.

Elles avaient pleuré, elles avaient plié, je ne plierai pas, je ne supplierai pas. Je ne leur accorderai pas le plaisir de voir mes larmes couler. Peu après, la prison reçut la visite d'un notable venu de Madani, Fath al-Rahman al-Bachir (qui mena les négociations entre Gaafar Noumeiry et son opposition, en 1977). Il avait entendu parler de moi, mon cas l'avait étonné, j'ai été relaxée grâce à son intervention, mais exclue de l'université pour le reste de l'année. Je n'avais pas grand-chose à faire à Wad Madani, j'ai retrouvé ma mère à Oum Dourman mais, terrifiée par la perspective d'une nouvelle année d'inactivité, je me suis résolue à m'inscrire dans une filière peu prisée de l'université du Soudan, où il restait encore quelques places bien que l'année soit entamée. Et c'est ainsi, sans vraiment le vouloir, que je commençai mes études en communication, un cursus court que j'envisageais comme un pis-aller mais qui, en même temps, me procurait beaucoup de plaisir. Je m'essayai au journalisme, et j'envoyai mes premiers articles, publiés sous pseudonyme, à des supports d'opposition, basées hors du Soudan, auxquelles je décrivais la réalité soudanaise. Mais je ne songeais pas à faire du journalisme ma profession, et j'espérais être à nouveau admise à l'université de Wad Madani pour poursuivre mes chères études d'agronomie. Ce fut le cas.

La maison du bord du Nil me manquait, l'atmosphère estudiantine et le souffle de liberté qu'elle m'apportait, aussi. Il me tardait de retrouver mes amies, quand nous flânions sans contraintes d'horaire dans le campus. J'avais même hâte de retrouver l'atmosphère enfiévrée de la préparation des examens, quand je quittais la maison de ma tante pour m'installer quelques jours sur le campus, au foyer, où nous nous entassions dans les chambres et où, au petit matin, pour profiter de la fraîcheur, nous nous répartissions par groupes d'étude dans ces mêmes chambres. Nous avions mis au point une technique imparable de révision : chacune choisissait un chapitre, l'apprenait sur le bout des doigts, se documentait à la bibliothèque pour en savoir encore plus, et elle l'expliquait aux autres. Certaines d'entre nous étaient des pédagogues hors pair ! Et, après le travail, nous descendions siroter un thé chez la vendeuse qui avait pris ses quartiers à la porte du foyer. L'esprit entièrement occupé par les examens, nous en venions à oublier le drame de notre quotidien soudanais. Elles me faisaient du bien, ces brèves périodes d'insouciance…

Cependant, la reprise ne fut pas joyeuse. Avec les autres étudiants qui avaient été arrêtés puis exclus pour le reste de l'année, j'ai été convoquée par les services de la sécurité de l'Etat, dûment sermonnée, et l'on me fit signer un document dans lequel je me suis engagée à ne plus participer à des activités politiques ni, a fortiori, à des manifestations et autres protestations, ni même à rédiger un tract ou un article. J'ai juré, j'ai signé, et j'ai repris mes études, en me promettant de m'en tenir à ce serment. Je voulais ce diplôme, prix de mon indépendance future. J'avais perdu deux années d'études, il n'était pas question pour moi de récidiver !

A l'université, j'ai découvert la mixité qui, au Soudan, n'existe pas au niveau scolaire. Que tout cela était innocent ! Qu'est-ce qu'une histoire de cœur entre étudiants soudanais ? Partager un thé à la cafétéria de l'université, remonter ensemble jusqu'aux salles de cours, non pas en tête à tête mais avec d'autres étudiants, sans laisser planer le moindre soupçon autour de cette relation platonique qui se noue. A la saison sèche, les couples s'installaient de part et d'autre de la large rigole qui, au moment des pluies, drainait les eaux. Ils étaient toujours face à face, jamais côte à côte. Ils ne se serraient pas l'un contre l'autre, ils ne se touchaient pas même la main, ils ne s'effleuraient pas, ils bavardaient, ils se souriaient tendrement, ils surveillaient, de temps à autre, l'arrivée de l'un de ces étudiants autopromus gardiens des mœurs qui viendrait les rabrouer, peut-être les dénoncer. Nous avions fini par nommer la rigole « le coin des amoureux ». Celui-ci n'était certes pas fréquenté par les couples islamistes dont le manège nous fascinait ; et comment ne l'aurions-nous pas été en observant ces garçons barbus et ces filles entièrement dissimulées sous leur nikab, le voile intégral, qui bavardaient à quatre mètres de distance... et en se tournant le dos ? Au fond, c'était un spectacle désolant, mais nous avions pris l'habitude d'en rire. Et puis, n'était-ce pas déjà une transgression des convictions des Ansar al-Sunna, littéralement les défenseurs de l'orthodoxie, que ce jeune barbu commettait en contant fleurette à sa dulcinée, même à quatre mètres de distance et sans la regarder ? D'autant qu'au fil des ans, cette distance entre les tourtereaux se réduisait peu à peu...

Des groupes se formaient aussi autour des vendeuses de thé qui tendaient des tapis de jute à même le sol et répartissaient de pauvres tabourets pour nous accueillir. Les vendeuses étaient nombreuses, aussi nombreuses qu'en ville ; sur le campus également, elles étaient une institution. Chaque groupe avait « sa » vendeuse privilégiée, qu'il appelait par son prénom et autour de laquelle il se réunissait. Nous refaisions le monde, à moitié allongés sur les tapis, en sirotant du carcadet, la tisane d'hibiscus, des thés parfumés à la cardamome ou à la menthe, des cafés noirs très sucrés. Les vendeuses, des femmes du peuple, pour la plupart analphabètes, nous faisaient crédit jusqu'à la fin du mois, et même au-delà si nous ne pouvions pas faire autrement. Elles n'inscrivaient pas nos consommations sur une feuille ou un calepin parce qu'elles ne savaient pas écrire : elles nous faisaient confiance pour le décompte, et la plupart d'entre nous étaient certainement honnêtes puisqu'elles ne se plaignaient jamais de ne pas avoir été payées, et ne refusaient jamais non plus de servir celui qui n'avait pas deux piécettes pour son thé.

De temps en temps, nous organisions des soirées. Il n'était évidemment pas question de danser, puisque la loi soudanaise interdit toutes les danses, a fortiori les « danses mixtes », c'est-à-dire un homme qui danse avec une femme. Ou, du moins si cette loi interdisait au départ toutes les danses, elle a fini par réhabiliter la danse masculine, Omar al-Bachir aimant danser, comme d'ailleurs beaucoup de chefs d'Etat africains ainsi qu'en fut témoin le monde entier au lendemain de sa condamnation par la Cour pénale internationale, en mars 2009. En ce qui nous concerne, il s'agissait de très sérieuses soirées culturelles, littéraires ou théâtrales. Une tente était prévue à cet effet, nous avions même, à deux ou trois reprises, organisé sur ses cimaises des expositions de peinture et de calligraphie. Evidemment, il s'agissait de soirées mixtes, réunissant les étudiants et les étudiantes. Mais les couples ne se tenaient pas par la main, personne n'aurait songé à échanger le moindre baiser avec un représentant de l'autre sexe. Néanmoins, pour les étudiants salafistes, notre audace dépassait les bornes. Des garçons et des filles réunis pour se divertir ? Ils usèrent d'abord de la persuasion, puis des menaces, pour dissuader les étudiants d'assister à ces soirées. Celles-ci étant notre unique bouffée d'oxygène, nous avions passé outre leurs conseils et leurs menaces. Alors ils usèrent d'une autre technique : avant que la soirée ne commence, ils lâchaient dans la tente les tuyaux d'arrosage, noyaient tout ce qui pouvait s'y trouver et rendaient le lieu tout simplement inaccessible.

Nous trouvâmes un nouveau subterfuge en organisant les soirées en plein air, dans un lieu qui restait secret jusqu'à la dernière minute, ou presque. Les téléphones portables n'existaient pas, c'est par le bouche-à-oreille que l'invitation circulait. Et elle circulait à la vitesse de la foudre : nous réunir le soir pour discuter très consciencieusement des vertus de tel auteur classique ou pour commenter telle œuvre contemporaine était pour nous un acte de résistance et non un simple passe-temps. Ce petit jeu aurait pu se prolonger jusqu'à la fin de mes études si l'administration n'avait pas pris la relève des islamistes, probablement sous leur pression. La permission de sortie accordée aux étudiants qui logeaient dans les foyers universitaires, et ils formaient l'écrasante majorité, fut ramenée de minuit à 23 heures, puis très rapidement à 21 heures. C'en était fini de nos soirées. Pour nous divertir des études, il ne nous resta plus que les cercles de débat politique, ces réunions sous un arbre, autour d'un orateur, qui se tenaient en journée, deux à trois fois par semaine, et auxquelles j'étais assidue.

Ma première année complète d'études à Wad Madani fut émaillée de fréquents allers et retours à Khartoum. J'avais en effet décidé de mener de front les deux cursus, celui d'agronomie qui me tenait à cœur, et celui de communication qui m'avait emballée l'année précédente. Je donnais la priorité aux cours d'agronomie, mais je récupérais ceux de communication, j'étudiais dans le silence de ma chambre et je me présentais aux examens de l'université du Soudan, que je réussissais. Jusqu'aux examens de fin d'année, dont les dates coïncidaient dans les deux établissements. Sans hésitation, mais non sans regrets, j'ai donné la priorité à mon diplôme d'agronomie, j'ai réussi mon année et j'ai regagné Oum Dourman pour les vacances d'été. C'est par le plus pur des hasards que j'ai appris l'existence, à l'université du Soudan, d'une session d'examens de rattrapage destinée aux moudjahidins, ceux qui accomplissent le jihad. Je m'y suis inscrite, en tant que moudjahida, participant d'une manière ou d'une autre au jihad. Il n'était nul besoin de fournir une preuve matérielle de cette participation : il m'a suffi de payer une taxe adéquate. J'ai donc passé les examens en compagnie de jihadistes, je les ai réussis, et j'ai ainsi obtenu mon premier diplôme en communication.

J'entrais en troisième année d'agronomie quand une nouvelle idée a germé dans l'esprit retors des autorités soudanaises, politiques et académiques, pour mieux défendre l'islam. Enfin, leur islam. Une police universitaire a été instituée, chargée de veiller sur les mœurs des étudiants et de les protéger de leurs propres démons. Cette police existe encore dans tous les établissements universitaires soudanais, appliquant des règles non écrites et toujours plus absurdes, appliquant des sanctions qui seraient comiques si elles ne détruisaient irrémédiablement la vie de jeunes gens, de jeunes filles, et de leurs familles.

J'ai croisé les premiers éléments de cette police particulière à la porte de l'université où ils étaient postés avec une mission qui ne déplairait pas à beaucoup d'hommes que je connais : scruter les filles. Les examiner de la tête aux pieds. De face, de dos et de profil. Et juger si leur tenue est suffisamment convenable pour pénétrer dans l'établissement. Si elles ne portent pas de pantalon, si la couleur de leur robe n'est pas trop vive, si leur hijab est assez couvrant. Au bout de quelques années, cette police universitaire a accueilli ses premiers membres féminins qui se chargent avec zèle de cette tâche.

D'autres éléments de la police sillonnent l'université : les bâtiments, les couloirs, les salles, les jardins, la cafétéria, les foyers bien évidemment. Ils accomplissent scrupuleusement leur mission qui est, celle-là, la surveillance des couples au nom d'Allah. Ils interviennent si un garçon et une fille s'isolent – c'est-à-dire s'éloignent de quelques mètres de leur groupe d'amis, comme s'il était obligatoire sous d'autres cieux d'avoir un groupe d'amis. Ils interviennent si un garçon et une fille ne maintiennent pas une distance respectable entre eux, c'est-à-dire au moins un mètre, et restent sourds si ce garçon et cette fille tentent de leur expliquer qu'ils s'entraident pour un problème de physique ou de mathématiques, impliquant de se pencher sur le même livre ou le même cahier. D'ailleurs, il vaut mieux ne rien tenter de leur expliquer, il faut obéir sans même réfléchir à leur sotte injonction, ne pas leur donner le loisir d'imaginer un acte de rébellion qui se solde, lui, devant la direction, par des sanctions allant jusqu'à l'exclusion.

En 2009, à l'université de Khartoum, la police universitaire a arrêté deux « pécheurs ». Un étudiant et une étudiante qui préparaient leurs examens dans la bibliothèque de l'établissement. Elle est habituellement très fréquentée ; pour une raison que je ne connais pas, peut-être était-ce l'heure de la prière ou bien le début d'après-midi quand la chaleur abat sa chape sur Khartoum et ne laisse aucun répit, les deux jeunes gens y étaient seuls. Pour nos gardiens des mœurs, c'en était trop : ils ne les ont pas sermonnés, ils les ont conduits à la direction de l'établissement qui les a traduits sur-le-champ devant un conseil disciplinaire où la défense n'a pas droit de cité, puis a décrété leur expulsion immédiate de l'université. Dans les semaines qui ont suivi, cette histoire fut très commentée dans Khartoum où elle a suscité l'indignation populaire. J'étais moi-même plongée dans les affres de mon procès pour port de pantalon, je ne l'ai pas suivie jusqu'au bout, j'ignore si la jeune fille a été traduite en justice et fouettée, mais cela est fort plausible.

Pendant mes cinq années d'université, je me suis écartée des activités politiques et des manifestations puisque j'en avais prêté serment. Je me suis aussi éloignée des histoires de cœur et des amourettes qui ne m'auraient attiré que des ennuis avec les gardiens de l'ordre. Parce que je ne sais pas me taire, je ne sais pas me cacher.

En fait, mon serment a tenu presque cinq ans. J'achevais ma dernière année d'études quand des manifestations ont dégénéré à l'université de Khartoum. Un étudiant en dernière année de droit, Mohammed Abdel Salam, dont la famille vivait à Wad Madani, a été arrêté par les forces de l'ordre. Le lendemain, son cadavre était retrouvé dans la rue, il était évident qu'il était mort sous les coups de la sécurité d'Etat, probablement durant son interrogatoire. Ce fut le point de départ de vastes émeutes dans les universités du pays, en particulier à Madani. Je n'ai pas pu respecter mon serment : je suis descendue dans la rue, j'ai participé aux manifestations, j'ai écrit et signé des manifestes. J'ai lu les publications des étudiants islamistes proches de Hassan Tourabi qui annonçaient le jihad pour « purifier l'université ». Je les ai vus, armés de machettes, affronter les « comploteurs », c'est-à-dire les autres étudiants qui s'étaient munis de pierres. Un imam avait été désigné, prêt à édicter une fatwa, un avis religieux légitimant l'usage des armes à feu par les « loyalistes » si celui-ci se révélait nécessaire. Les forces de l'ordre n'intervenaient pas : pourquoi l'auraient-elles fait, puisque d'autres se chargeaient à leur place du « sale boulot » ? Nos amis, ceux avec lesquels nous partagions, si ce ne sont les idées, du moins les repas, les bancs de classe, les discussions dans les jardins, nos amis étaient devenus nos ennemis. Les autorités n'avaient pas besoin d'agir : il leur avait suffi de nous diviser et de jouir du fruit de cette division, créant une légion d'hommes à leur solde, sans qu'elles salissent leurs propres mains. Aujourd'hui, dès que l'on me parle des Janjawid, ces hordes de miliciens levées par les autorités soudanaises et qui, au Darfour, massacrent, violent et déportent ceux qui étaient hier leurs voisins, me vient immédiatement à l'esprit l'image de ces manifestations. Le souvenir de ces étudiants avec lesquels nous partagions le pain, le sel et les rires et qui, enrôlés par les mêmes autorités, ont brandi leurs machettes contre nous. Avec ces manifestations, la violence estudiantine s'est implantée, une violence organisée, une violence sauvage que l'on n'avait jamais vue auparavant, quand on se limitait aux petites altercations. Exactement comme au Darfour où les différentes tribus connaissaient des affrontements occasionnels, mais où la violence organisée par l'intervention des autorités a conduit aux massacres.

J'ai donc manifesté, j'ai rédigé des tracts, et j'ai rompu mon serment. J'ai été arrêtée. Pas longtemps, à peine quelques heures. Le temps que me soit délivré un message : si je ne quittais pas immédiatement l'université, je subirais le même sort que

Mohammed Abdel Salam, l'étudiant qui avait été assassiné à Khartoum. Je n'ai pas pris le temps de ranger mes affaires, et j'ai quitté Wad Madani, exclue une deuxième fois de l'université, à quelques semaines des examens – je devais les passer et les réussir deux ans plus tard quand, après la rupture entre Omar al-Bachir et Hassan Tourabi, le directeur de l'université, le préfet de la région et le responsable de la sécurité d'Etat furent débarqués et remplacés. Une fois de plus, je me suis réfugiée à Oum Dourman, auprès de ma mère.

Il me restait ma plume et mon diplôme en communication. Je me suis empressée de passer le concours des journalistes, qui permet l'accès à cette profession. Je l'ai réussi du premier coup. Nous étions en 1998, l'usine pharmaceutique Al-Chifa venait d'être bombardée, dans les faubourgs de Khartoum, par les Etats-Unis qui la soupçonnaient de fabriquer des gaz de combat neurotoxiques. Le gouvernement soudanais s'était certes empressé de nier, il avait cependant choisi, par précaution, d'adopter une ligne politique un peu moins radicale que celle qu'il avait jusqu'à présent suivie. Je n'avais plus qu'une hâte : pouvoir à mon tour rendre compte de l'actualité, sans langue de bois, sans hypocrisie, pour faire bouger les choses. La réalité n'allait pas tarder à me rappeler que j'étais certes journaliste, mais journaliste au Soudan.

5

Non !

La première porte à laquelle j'ai frappé n'était pas la bonne. C'était celle d'un quotidien de Khartoum où avait été embauché l'un de mes camarades de promotion. Le rédacteur en chef m'avait donné rendez-vous, il m'avait reçue, m'avait écoutée lui raconter mes collaborations à des titres de la presse soudanaise en exil, ainsi qu'au trimestriel *Al-Chakika*, « La Sœur », publié par la section féminine du Parti Unioniste Démocratique, celui dont je me sentais proche quand j'étais au lycée et à l'université, sans y avoir pour autant adhéré. L'année précédente, j'avais participé à la fondation de cette revue et je l'alimentais, à titre bénévole, en articles traitant des questions qui continueront de me tenir à cœur : la femme, les lois et leur application. J'étais très fière de mon jeune parcours dans la presse, le rédacteur en chef m'éconduisit pourtant sans mettre de gants. Le soir, mon camarade me rappelait. Il se voulait rassurant, il était gêné :

— Ne t'en fais pas, tu fais du bon travail, ce n'est pas ton parcours qu'il a jugé. Enfin, presque pas.

— Mais il cherche des journalistes !

— Des hommes. Il est contre le principe du travail des femmes.

J'ai mis plusieurs jours à me remettre du choc. Ce n'est pas le rejet de ma candidature qui m'avait bouleversée, mais l'effondrement de mes illusions. Etais-je naïve ! J'avais oublié que les journalistes étaient issus de la société, qu'ils lui appartenaient. Je les avais placés sur un piédestal, voyant en chacun d'eux un individu forcément éclairé, forcément ouvert, forcément défenseur des Droits de l'homme et de la dignité de l'être humain. Les deux rendez-vous suivants furent tout aussi décevants ; l'un était avec un patron d'une infinie grossièreté vis-à-vis des journalistes et avec lequel il m'aurait été impossible de travailler ; l'autre avec un homme qui m'a semblé aimer un peu trop les femmes.

La presse soudanaise est riche en publications. Après moult hésitations quant à la voie même que je m'étais choisie, je finis par pousser la porte d'un quatrième quotidien, en me promettant qu'il s'agirait de ma dernière tentative. Echaudée par mes précédentes expériences, je pénétrai sans trop d'illusion dans le bureau du patron de *Al-Raï al-Akhar*, « L'Autre Avis ». J'en ressortis une heure plus tard avec un contrat de pigiste. J'avais évidemment raconté mes ambitions à Abdallah Rizk ; il m'assigna néanmoins, pour mes débuts, aux pages « variétés » du journal, dédiées aux sujets légers ou insolites. Je n'ignorais presque plus rien de la vie compliquée des acteurs et des chanteurs arabes, des coulisses des feuilletons égyptiens et des films syriens, des réceptions données à Khartoum et à l'étranger par de riches Soudanais. Je prenais plaisir à écrire, même si les sujets étaient fort éloignés de mes préoccupations et de mes aspirations. Mais je continuais à m'intéresser surtout à la vie de mon pays – ou plutôt à sa survie, tant les conditions y étaient devenues difficiles.

Les pages de « variétés » abritaient un court billet quotidien, quelques lignes incisives et très lues, rédigées par une grande journaliste de la radio soudanaise aujourd'hui décédée, Leila el-Maghrebi. Je ne sais pas si Abdallah Rizk plaisantait ou s'il était sérieux quand, à la première absence de Leila, il tendit la tête dans le bureau que j'occupais :

— Et toi, tu n'as pas une idée de billet ?

— J'en ai une ! Je vous l'apporte tout de suite.

Ma réponse avait fusé. Il me restait à trouver l'idée. L'un de nos voisins partait ce jour-là pour le service militaire, sans lequel il ne pouvait pas obtenir son diplôme universitaire. Ses parents étant des gens ordinaires, sans contacts privilégiés avec les caciques du régime, il était fort probable qu'au bout de quelques semaines il serait envoyé sur le front, au sud, où se déroulait un carnage. Je tenais mon idée, en jouant sur le mot chahada qui, en arabe, signifie à la fois diplôme et martyre. Mon billet tenait en une phrase : « Il a voulu sa *chahada* ; ils sont venus annoncer à ses parents qu'il avait gagné la *chahada.* » Le billet fut publié, avec ma signature. Le suivant aussi : « Il était enfermé dans leur prison, mais ils l'en ont sorti. Ils l'ont conduit dans leur étable, l'ont enchaîné à un poteau. "Maintenant tu es libre", lui ont-ils dit. » Ce billet, je l'ai écrit quand a été promulguée la loi autorisant les partis politiques. Mais elle les autorisait avec des conditions si draconiennes qu'elles en devenaient humiliantes…

A partir de là, j'ai été désignée remplaçante (officieuse) de Leila el-Maghrebi. Quand elle s'absentait, et cela lui arrivait de plus en plus souvent, je prenais le relais, m'inspirant de l'actualité politique, sociale, culturelle, de l'air du temps, pour rédiger une ou deux phrases, quelques lignes dont l'impératif était qu'elles soient percutantes. Il ne m'a pas fallu longtemps pour oser proposer mon premier grand papier : une enquête fouillée sur la violence estudiantine qui avait ébranlé le Soudan quelques semaines plus tôt – et dont j'avais été le témoin à Wad Madani. Le sujet était sensible, la censure scruterait certainement l'article, une petite phrase serait susceptible d'entraîner la fermeture du journal. Abdallah Rizk relut mon papier, il adoucit quelques aspérités, et je reçus ainsi ma première leçon sur l'art et la manière de déjouer les règles non dites, toujours non dites, des censeurs soudanais. J'ai rapidement été promue à la rubrique politique du quotidien que j'ai alimentée par des entretiens avec des responsables du gouvernement et de l'opposition. J'avais été en contact avec certains d'entre eux du fait de mes activités politiques estudiantines, et passer ainsi de l'autre côté du rideau ne cessait de m'émerveiller. L'un de mes premiers entretiens fut envoyé par notre rédacteur en chef, Kamal Bakhit, qui me soutenait dans mon travail et me donnait envie d'aller toujours plus loin, à un quotidien arabe publié à Londres, qui le reprit. Ironie de l'histoire, le patron du premier journal auquel je m'étais adressée, et qui estimait que la place des femmes était au foyer, en publia également de longs extraits. Sans se douter, je le suppose, que l'auteur de l'interview était la jeune journaliste éconduite par lui quelques semaines auparavant.

Moins d'un an plus tard, Kamal Bakhit quittait *Al-Raï al-Akhar* pour rejoindre un autre quotidien, *Al-Sahafa*, « La Presse ». Celui-ci avait été fondé en 1961 par l'homme qui deviendrait plus tard mon époux, Abdel-Rahman Mokhtar. *Al-Sahafa* avait été nationalisé en 1970 par Gaafar Noumeiry, puis le journal avait été rendu à son propriétaire qui, las de toutes les misères infligées par les pouvoirs politiques et la censure, l'avait mis en veille depuis 1985, année de la chute de Noumeiry, quand la licence d'exploitation lui avait été rendue. Avec le temps, ce qui était une institution au sein de la presse locale est devenu un mythe. Pour une raison qu'il ne s'expliquait pas lui-même, Abdel-Rahman Mokhtar, qui s'était reconverti avec succès dans les affaires, décida, quatorze ans plus tard, de relancer son journal. Ainsi que l'exigeait une nouvelle loi, il s'associa avec plusieurs personnes, dont un islamiste repenti, et fonda une société à laquelle il céda la licence d'exploitation. Son projet était ambitieux : un quotidien de seize pages (les autres quotidiens se limitaient à douze), tout en couleur, ce qui était une première au Soudan, et auquel participeraient de grandes plumes, arabes et soudanaises, y compris des opposants et des exilés.

Kamal Bakhit me proposa de le rejoindre dans cette nouvelle aventure. Je n'ai pas hésité, je l'ai suivi. Quelle fut mon émotion en découvrant la petite bâtisse blanche où logeait la rédaction ! Emotion de signer mon premier vrai contrat de travail, un contrat de salariée et non plus de pigiste. Emotion surgie aussi de mon passé, avec l'image de cette fillette resplendissant la joie de vivre, cette fillette au sourire éclatant qui s'étala, un jour de mai 1976, dans les pages du journal. Cette fillette, c'était moi. Je soufflais mes trois bougies, mon père les avait fêtées en m'offrant la publication de cette photographie. J'ai longtemps conservé un exemplaire de ce numéro...

J'ai été nommée au service des enquêtes. Je partageais un bureau avec deux collègues, dont Abdallah Rizk qui nous avait rejoints, la pièce était suffisamment vaste pour que nous ne nous dérangions pas mutuellement, et les autres journalistes ainsi que les invités de passage y passaient volontiers pour des discussions qui étaient souvent animées, toujours libres. Ma boulimie d'écriture les amusait ; je noircissais les pages avec un plaisir non dissimulé, et mon enthousiasme, qui semblait infini, faisait leur affaire. Une fois par semaine, chaque journaliste avait en effet le droit de publier une colonne d'opinion, assortie de son nom et de sa photographie. J'attendais mon tour en trépignant d'impatience : j'avais si longtemps aspiré à pouvoir m'exprimer ! Certes, durant les manifestations estudiantines, j'avais rédigé des tracts, je les avais signés de mon nom, je les avais placardés sur les murs et j'avais poussé le scrupule jusqu'à passer des heures entières à les veiller, à repousser les « loyalistes » qui venaient les arracher, les recouvrir de graffitis ou les noyer sous les jets d'eau. Là, c'est dans un journal que je m'exprimais, et non plus sur un mur. Je ne m'adressais plus à quelques centaines d'étudiants, mais à des dizaines de milliers de lecteurs.

Qui plus est, dans le journal de mon enfance, celui que mon père laissait traîner sur le divan quand il était à la maison, celui auquel il se fiait pour être informé, celui qu'il citait.

Mes collègues étaient plus mitigés, c'était pour eux un devoir. Certains appréhendaient cet exercice qui, je l'avoue, se révèle délicat quand il s'agit de louvoyer entre les fourches de la censure, tout en donnant réellement son opinion. A force de s'autocensurer, ils avaient perdu le goût des chroniques et se réfugiaient dans les articles factuels. D'autres prétextaient une maladie ou un retard dans leurs articles pour dissimuler leur paresse. Ainsi sont les humains. Me faisaient-ils part de leur embarras ? Je me précipitais sur l'occasion, je leur portais secours en réalisant mes ambitions. Ma chronique devint plus régulière : deux fois, trois fois, puis quatre fois par semaine. Kamal Bakhit l'édulcorait quand cela était nécessaire, mais j'avais assez vite compris les règles du jeu, et il me laissait le choix de mes sujets. Je me dois de rendre hommage ici à certains chroniqueurs qui ont guidé mes premiers pas, qui m'ont appris la profondeur d'esprit et le maniement des idées, qui m'ont servi de maîtres, comme le fit Al-Hajj Warak, un grand nom de la presse soudanaise.

Le principe d'une colonne quotidienne s'imposa de lui-même et fut annoncé par la direction du journal, suscitant la désapprobation de certains de mes collègues, y compris parmi ceux qui étaient hier encore heureux de se débarrasser, grâce à moi, de ce qu'ils considéraient être une « corvée ». Ils mirent en avant que seules les grandes plumes et les journalistes confirmés avaient une chronique quotidienne à *Al-Sahafa*, ils mirent en avant mon âge, ma fougue, mon inexpérience, mais les responsables ne revinrent pas sur leur décision, considérant que j'avais d'autant plus fourni mes preuves que des lecteurs appelaient le journal quand, pour une raison ou une autre, je n'écrivais pas. Avec les semaines, la grogne de mes collègues s'est estompée, puis elle a disparu.

C'est ainsi que je me suis approprié « Paroles d'hommes », la chronique qui m'a valu la célébrité au Soudan. Au gré de l'actualité, de mes déplacements ou de mon humeur, je traitais de sujets divers et variés. J'avais sorti mes griffes quand une fatwa a été édictée, autorisant la pratique de l'auto-stop au nom du principe coranique de l'entraide, et en référence à un hadith, un dire du Prophète. Elle fut soutenue par une large campagne publicitaire, des panneaux géants qui occupaient les grandes rues et l'accès aux ponts traversant le Nil. Je n'ai rien contre la pratique de l'auto-stop, même si je considère qu'elle peut se révéler périlleuse, pour le conducteur ou pour son passager. Toutefois j'ai du mal à supporter les contradictions. Au royaume d'Ubu, une fatwa autorise donc une femme à arrêter un homme, pour peu qu'il conduise une voiture, et à monter dans son véhicule. Mais, au royaume d'Ubu, un homme et une femme ne peuvent pas être ensemble dans une voiture s'ils ne sont pas liés par des liens de sang interdisant le mariage, ou par le mariage. Selon cette fatwa, appliquée par les policiers de l'ordre public quand cela leur chante, ou négligée parce que tel est leur désir, une auto-stoppeuse est donc épargnée, là où une collègue est conduite au commissariat, jugée et fouettée. C'est cette contradiction, parmi d'autres, que j'ai montrée du doigt, m'attirant les félicitations de certains lecteurs, les foudres, les critiques et même les menaces de bien d'autres.

J'ai osé poser, de manière certes détournée et ampoulée, la question de la légitimité de la guerre sainte au sud du Soudan. L'Etat avait imposé à ce moment le principe pernicieux de l'autocensure, laissant le journal et ses journalistes responsables de leurs écrits, et des conséquences que pouvaient avoir ces écrits sur leur journal et sur eux-mêmes. Le jour de la publication de ce billet, nous sommes restés dans l'angoisse de voir la police débarquer dans nos locaux : la moindre entorse aux principes non dits de l'autocensure pouvait entraîner les pires sanctions. Kamal Bakhit avait heureusement passé cette chronique au peigne fin, et nous avons évité le sort qui fut celui de *Al-Raï al-Akhar*, le journal de mes débuts. En effet, peu après que je l'ai quitté, le quotidien a été fermé de manière définitive (il ne s'agissait pas d'une simple suspension), sur ordre d'Omar al-Bachir, pour atteinte à l'islam. Ainsi la présidence de la République exprimait-elle sa désapprobation à l'égard d'un article consacré aux nouveaux bâtiments qui se construisaient sur les rives du Nil : une vaste mosquée tournant le dos au fleuve, l'Université du Coran qui adoptait la même attitude, un hôtel de grand luxe à la place du jardin zoologique de Khartoum qui fut l'un des plus anciens d'Afrique. De manière indirecte, et fort prudente, le journaliste se demandait si d'autres projets n'auraient pas été plus profitables à la population, au tourisme, sachant que l'on peut construire partout ailleurs des mosquées, des universités, des hôtels. C'était une question interdite…

J'ai écrit « Youyous youyous », en référence aux youyous de joie des femmes quand, en 2002, notre gouvernement a repris les négociations avec l'armée sudiste de John Garang. Je me suis pleinement engagée pour la signature d'un accord de paix, au risque de mettre mon journal en péril. J'ai pointé du doigt les contradictions de nos négociateurs quand, pris d'incompréhensibles scrupules dans lesquels je ne voyais que chantage, ils se sont arrêtés net au moment de la signature, sous prétexte que l'autre signataire était une armée : la SPLA, l'Armée de Libération des Peuples du Soudan. « Il n'y a qu'une seule armée, l'armée soudanaise », se sont-ils offusqués, et ils ont demandé la dissolution de la SPLA. Ils avaient peut-être raison sur le principe, mais n'avaient-ils pas déjà signé un accord, en 1997, avec des dissidents de la SPLA, qui portaient eux aussi le nom d'armées ? Pourquoi notre gouvernement se dissimulait-il derrière de telles pudeurs, si ce n'est avec de mauvaises intentions ? Il ne pouvait signer qu'avec la partie adverse, quel que soit le nom qu'elle s'était choisie ! Moi qui attendais des négociations un véritable accord de paix, seul gage de stabilité pour le Soudan, je ne comprenais pas que l'on s'obstine dans une guerre absurde, obstacle majeur à la renaissance du tourisme qui sera, le jour où il redémarrera, une manne pour notre pays, comme il l'est pour l'Egypte, notre voisine du nord, ou le Kenya, notre voisin du sud.

En 1999, Hassan Tourabi, alors président du Parlement, se retourne contre son allié Omar al-Bachir. Le Parlement est dissous, Tourabi emprisonné, l'état d'urgence est décrété, la surveillance se renforce autour de tous les médias. Omar al-Bachir ne se fie plus à l'autocensure : deux censeurs sont bientôt assignés à chaque publication.

Ils arrivaient au journal en début de soirée, la mine renfrognée et peu propice aux plaisanteries, s'installaient dans le bureau du rédacteur en chef et, munis d'un stylo, ils commençaient à lire. Toutes les pages du journal leur étaient bien sûr apportées, ils rayaient avec morgue les phrases ou même les articles qui ne leur seyaient pas, ils encerclaient méchamment les mots qui ne leur plaisaient pas, ils ne justifiaient pas leurs choix, ils n'expliquaient pas leurs règles. Telle idée recevait leur imprimatur un jour, elle était interdite le lendemain. Tel nom et tel mot perdaient, on ne sait trop pourquoi, droit de cité, mais ils étaient réhabilités quarante-huit heures plus tard. Nous reprenions la copie, nous réécrivions sans poser la moindre question, ni oser la moindre contestation. La « une » et les chroniques étaient, pour eux, l'objet d'une attention particulière.

Je finis par m'habituer à voir mes chroniques charcutées par leurs soins, je tenais toujours un second article, plus anodin, prêt à remplacer l'objet du délit, s'il avait trop souffert de leurs ciseaux. Mes articles étaient systématiquement censurés, quand bien même ils étaient lus et relus dans un premier temps par le rédacteur en chef qui adoucissait les angles et le propos. Cependant, à force de fréquenter les journaux et les journalistes, certains censeurs se piquèrent au jeu ; ils ne se contentaient plus de rayer, ils écrivaient. Telle idée ne leur plaisait pas ? En marge, ils notaient son contraire. Je m'étais résolue à ce que mes propos soient coupés, à ce que l'on m'interdise de m'exprimer, mais il n'était pas question que l'on me fasse assumer les propos inverses, que l'on me fasse signer ce que je ne voulais pas dire.

— Je vais leur proposer que nous échangions nos places. Qu'ils viennent le matin écrire, je viendrai le soir relire, fulminais-je auprès de mon rédacteur en chef.

Ironie de l'histoire, beaucoup de censeurs ont effectivement fini par passer le concours de journalisme. Beaucoup ont fini par exercer ce métier, certains signent même des chroniques dans les journaux soudanais.

N'ayant pas charge de famille, je pouvais attendre leur passage au journal pour surveiller par moi-même ce qu'il advenait de mes articles. J'écrivais, ils coupaient. Je réécrivais, ils recoupaient. Jusqu'à ce que j'abdique et que je sorte la seconde chronique, traitant d'un sujet sans intérêt sensible. Ce jeu semblait les amuser, il m'exaspérait. Les censeurs recevaient-ils des consignes strictes ou agissaient-ils selon leur humeur, voire selon la signature du journaliste ? Je pencherais pour la seconde hypothèse. Eux-mêmes étaient fort surveillés, et s'ils laissaient filtrer un mot ou une phrase qui n'avaient pas l'heur de plaire à leurs supérieurs, ils passaient probablement un sale quart d'heure. Evidemment, ils se vengeaient sur le journaliste qui leur avait valu un rappel à l'ordre : pendant une semaine ou plus, celui-ci était interdit d'écriture. Sans que cela le lui soit clairement signifié, bien entendu. Mais tout ce qu'il écrivait était biffé, censuré, non publié. Qu'elle me semblait douce l'époque de l'université, quand je négociais pied à pied avec les étudiants islamistes qui s'étaient autoproclamés censeurs et s'acharnaient sur mes manifestes ! Je les rabrouais, je défendais physiquement mes feuilles, je clamais haut et fort mes idées. Là, la donne avait changé. Au lieu de me battre pour mes écrits, je m'en retournais « corriger » ma pauvre copie raturée.

Un jour, j'en ai eu assez. J'ai annoncé à mes lecteurs, et du même coup aux censeurs, que « Paroles d'hommes » prendrait un nouveau virage. Puisque l'on m'interdisait d'aborder la politique, les sujets de société, et même les thématiques culturelles, ma chronique se ferait désormais culinaire. Je passai à l'acte dès le lendemain, en donnant la recette de la Oum roukeyka, une spécialité locale à base de cornes grecques séchées et moulues. Dans mon bureau, à la fois rassurée quant au devenir de mon article et assez fière du tour que je venais de jouer à la censure, j'attendis le retour de la copie. Il ne tarda pas. Elle était zébrée de rayures, et réécrite. Les tomates avaient été censurées, de même que les courgettes ; des pommes de terre s'y étaient substituées. Au ridicule de l'affaire s'ajoutait l'hérésie gastronomique. C'en était trop ! J'ai conservé une copie de l'article revu par le censeur et je l'ai adressée au très officiel Bureau des plaintes des citoyens, assortie d'une lettre dans laquelle je réclamais une liste des légumes interdits, ceux que je m'abstiendrais désormais de manger et dont je me refuserais même à écrire le nom. Le Bureau ne m'a jamais répondu, mais j'ai soigneusement conservé la copie de ma plainte. Pour l'Histoire.

Alors je me suis essayée à la fable animalière. Autrefois, dans ce lieu magique qu'était le parc zoologique de Khartoum, vivait un hippopotame. Il était heureux et passait des heures tranquilles, jusqu'à ce qu'un jour sa maison soit réquisitionnée. Cet animal heureux devint un pauvre réfugié : le malheur n'accable pas uniquement les humains. La faim le poussa à remonter le Nil jusqu'à Oum Dourman et ses exploitations agricoles qui s'étendent le long du fleuve. Il comptait sur la générosité de ses voisins et se nourrissait de leurs plantes. Mais, las de ses incursions, les agriculteurs lui ont tendu un piège. L'hippopotame, qui n'y voyait pas malice, y est tombé. Les agriculteurs l'ont tué et se sont nourris de sa chair. Cette histoire d'animaux n'attira pas l'attention du censeur qui y vit un innocent conte pour enfants. Ma métaphore du Soudan fut publiée dans son intégralité et elle alimenta, le jour suivant, toutes les conversations soudanaises. Mon rédacteur en chef a déploré ma folie. La censure de l'Etat, elle, fut bien embêtée ; elle pouvait certes me reprocher d'avoir écrit cette fable, mais non de l'avoir publiée : je l'avais soumise à ses agents, ils l'avaient agréée.

L'exercice m'avait enchantée. Il suffisait donc d'être plus hypocrite que les hypocrites ? Je pris ma plus belle plume pour pleurer la mort dans les combats, au sud, d'un responsable du régime, gardien de la stricte orthodoxie religieuse, néanmoins réputé pour son attirance envers les jeunes garçons qui alimentait les conversations de Khartoum. « Il était une âme pure dans un corps corrompu », dirent ses proches. Il était mort au sud, donc en martyr, ce que je ne manquais pas de souligner en confiant son âme à Dieu. Je terminais ma chronique en demandant au Très-Haut de le faire bénéficier de Ses faveurs, et de l'entourer d'éphèbes éternels au Paradis qui lui était certainement promis.

L'un de mes derniers engagements avant que je ne rende la plume fut pour la paix au Darfour. Entre-temps, un nouveau système de censure avait été établi, mixant les deux systèmes précédents. D'une part, les journalistes devaient pratiquer leur propre autocensure et étaient tenus responsables de ce qu'ils écrivaient. D'autre part, chaque journal pouvait s'attendre aux visites impromptues de censeurs, et celles-ci étaient fréquentes. S'ils ne relisaient plus l'ensemble des articles par le menu, les agents de l'Etat veillaient surtout à ce que l'on n'aborde pas de « sujets interdits », par exemple les contrats pétroliers secrets qui font l'objet d'un article ambigu dans l'accord de paix signé en 2005 entre le Nord et le Sud soudanais, sous la supervision de la communauté internationale. Ou l'envoi de forces internationales au Darfour, réclamé par le monde entier mais refusé dans un premier temps par notre gouvernement. Omar al-Bachir avait juré que cette force ne pénétrerait pas en territoire soudanais. Il l'avait juré à la manière populaire, en clamant qu'il divorcerait si cette force y entrait. Ce même jour, je félicitai le Soudan pour l'arrivée des forces internationales ; car elles sont effectivement arrivées peu après. Mais sous une autre appellation, qui ne ferait pas perdre la face à notre gouvernement : la « force Onu-Union africaine », chargée de protéger les humanitaires et les civils, et de soutenir la mise en œuvre de l'accord de paix.

Je m'étais insurgée contre la notion de jihad appliquée à la guerre avec le Sud ; je me suis insurgée contre les tentatives de l'appliquer à la guerre au Darfour. Les habitants du Darfour étant des musulmans, de surcroît rigoristes, encore plus rigoristes que les janjawid, les miliciens, alors que ceux du Sud sont en majorité animistes et chrétiens, de méchantes rumeurs de complot ont circulé, laissant entendre que le Darfour était devenu une terre d'intervention pour les Etats-Unis et Israël. Donc pour les « infidèles », ce qui ouvrait la voie à la guerre sainte. Balivernes, ai-je osé écrire. Puis il y a eu les sous-entendus jouant sur d'autres divisions, entre Africains et Arabes celles-là. J'ai ricané de cette pathétique fierté des Soudanais du Nord de se dire arabes, descendants de la tribu mecquoise des Hachémites, celle du Prophète de l'islam. Mais regardez-vous dans un miroir : nous sommes tous des Noirs ! Nous sommes physiquement plus proches des Africains que des Arabes ! Pour les Arabes, nous sommes d'abord des Noirs, nous sommes tous des Africains. Nos nez sont épatés, nos lèvres épaisses. Malheureusement, très peu de Soudanais en sont conscients.

Il me fallait toujours biaiser, il me fallait toujours me réfréner. J'ai pourtant osé, j'ai été jusqu'aux limites de l'interdit en dénonçant la corruption de l'Etat, la gabegie de l'argent public, en m'offusquant des nominations dans les administrations, qui ne dépendaient pas des mérites de l'individu mais de sa loyauté au régime. J'ai osé demander pourquoi l'or extrait des mines du Soudan ne figurait pas dans le budget de l'Etat – et j'ai reçu des menaces de mort pour cela. J'ai osé condamner le terrorisme et applaudir l'entrée des troupes américaines en Afghanistan. Néanmoins je n'ai plus osé le faire quand elles sont entrées en Irak et qu'elles ont renversé Saddam Hussein.

En 2007, j'ai abandonné le journalisme. Peu après, la mission locale des Nations unies cherchait du personnel, j'ai posé ma candidature, elle a été retenue. Je reviendrai peut-être un jour au journalisme, je n'ai pas cessé d'avoir envie d'informer. Mais je suis encore si lasse de toutes les batailles que j'ai menées…

6

Abdel-Rahman

Il avait abandonné le journalisme au début des années 1970, las des perpétuelles embûches que plaçaient les autorités devant la liberté d'expression. Il s'était lancé dans les affaires immobilières, la création d'une usine de plastique, mais son nom était resté une référence dans l'univers de la presse soudanaise, et plus largement arabe – il continuait de publier de temps en temps dans cette dernière des articles de fond.

En 1999, Abdel-Rahman Mokhtar relançait *Al-Sahafa*, le quotidien qu'il avait fondé en 1961. Il avait choisi de se tenir en retrait ; il n'occupait pas une fonction exécutive à la rédaction et, dans l'organigramme, son nom figurait en tant que fondateur et membre du conseil d'administration. Il passait au journal toutes les deux ou trois semaines, pour discuter les grandes lignes d'orientation avec les responsables, et nous ne manquions pas, nous les jeunes journalistes, de saluer avec déférence cet homme encore alerte alors qu'il avait largement entamé la soixantaine, et dont le parcours nous impressionnait vivement. Nous n'avions presque jamais quitté le Soudan, et nous savions qu'il avait beaucoup voyagé hors de nos frontières et de celles du monde arabe, qu'il était familier de l'Europe et connaissait les Etats-Unis, nous savions qu'il avait rencontré beaucoup de grands de ce monde et avait publié des entretiens avec eux, notamment une interview de Mao Zedong qui avait fait date.

Abdel-Rahman Mokhtar avait fière allure. Il était grand de taille, il se tenait toujours droit, son regard était vif, il portait une fine moustache, ses traits n'étaient pas vraiment réguliers, ils ne se distinguaient pas par leur finesse mais par leur force, et son visage était de ceux que l'on peut difficilement oublier. Il était courtois avec les grands et les petits, respectueux de ses interlocuteurs quels qu'ils soient, et cette qualité rare ne manquait pas d'être relevée par tous ceux qui l'avaient un jour croisé. La plupart du temps, il était impeccablement vêtu à l'occidentale. Parfois, par coquetterie, il revêtait la tenue traditionnelle, la robe blanche assortie de la omma, un turban blanc noué sur la tête. Nous le regardions, fascinés.

La renaissance *d'Al-Sahafa* était encore fraîche quand je signai un article retraçant l'historique du journal et ses ambitions d'ouverture à des plumes diverses, y compris de grandes plumes arabes et celles des émigrés soudanais. J'ai été convoquée dans le bureau du rédacteur en chef, une convocation qui ne se déparait jamais d'une certaine solennité. Je ne savais trop si c'était pour me faire rabrouer, éventualité la plus plausible ou, au contraire, pour être félicitée. Mais félicitée de quoi ? Mon appréhension augmenta d'un cran quand, en pénétrant dans le bureau, je vis Abdel-Rahman Mokhtar. Je repassai à toute vitesse, dans ma tête, les catastrophes que j'avais pu provoquer, par mes paroles ou par mes écrits. Ma panique s'était certainement reflétée sur mes traits puisque, avant même que je n'entame les salutations d'usage, Kamal Bakhit m'adressa un large sourire :

— Tu sais que tes articles sont appréciés par beaucoup de lecteurs, Abdel-Rahman est de ceux-là.

Avec une simplicité désarmante qui n'était pas dans les coutumes des patrons de presse, Abdel-Rahman Mokhtar me félicita à son tour pour l'article que j'avais consacré à notre journal. Puis nous évoquâmes d'autres articles, que j'avais déjà écrits ou qui étaient en cours d'écriture. Je m'aperçus qu'en dépit de son absence physique du journal, il suivait avec minutie la vie d'*Al-Sahafa*. Notre premier entretien ne fut pas très long ; j'en ressortis avec une admiration décuplée pour cet homme dont je découvrais l'intelligence et la sagacité.

Par la suite, chaque fois qu'il passait à la rédaction, Abdel-Rahman m'invitait dans le bureau du rédacteur en chef où il prenait ses quartiers. Nous parlions de mes articles, il en relisait certains, il les corrigeait en me donnant des conseils, des leçons de journalisme qui me furent très précieuses. Nous discutions de l'actualité soudanaise, et je me retrouvais pleinement dans sa vision du pays et de son avenir. Je m'envolai de joie quand il m'offrit un exemplaire d'un livre qu'il avait publié et qu'il me dédicaça en me promettant un avenir brillant. Nous avions échangé nos numéros de téléphone, il m'appelait régulièrement, mais nos bavardages ne débordaient jamais le cadre professionnel. Cette proximité, dont nous ne nous dissimulions pas, alimentait la jalousie de certains de mes collègues à mon égard, je passais outre cependant les petites remarques et les piques qu'elle me valait. De la même façon, je ne tenais pas compte des inquiétudes de mes proches qui craignaient de me voir devenir « vieille fille », un statut qui intervient tôt dans la vie d'une jeune fille soudanaise et qui compromet sérieusement ses aspirations au mariage. J'étais entièrement absorbée par mon travail, et je sais gré à ma mère de ne pas m'en avoir tenu rigueur, d'avoir même pris ma défense, quand j'ai successivement rejeté les demandes de deux prétendants qui ne me seyaient pas.

Ma mère ne m'a pas retenue non plus quand je suis partie trois semaines en reportage dans la région de Kordofan, la zone frontière entre le Nord et le Sud, alors que la guerre faisait rage. Elle a toujours été l'une des seules à comprendre mon besoin viscéral d'indépendance, qui faisait probablement écho au sien. Elle avait d'ailleurs elle-même fréquenté le lycée et, avant son mariage, avait été brièvement journaliste dans un magazine littéraire, *Al-Sabah al-Jadid.* Les nuits étaient ponctuées par le tonnerre des bombardements. Le jour, nous sillonnions la région en empruntant des chemins de terre dont les bas-côtés étaient délimités par des voitures démembrées, calcinées. « Untel conduisait cette voiture ; il est mort tel jour en chahid, en martyr », égrenait doctement le guide qui avait été assigné à l'accompagnement de notre groupe de journalistes. J'avais peur et, sincèrement, je m'imaginais déjà prochain chahid de cette guerre, une éventualité qui ne me ravissait pas.

Pendant ces trois semaines, j'ai beaucoup écrit et j'ai été régulièrement publiée. Je me suis rendue dans les villes et dans les petits villages, à la rencontre des habitants. J'ai enquêté sur la fermeture des écoles, j'ai compris que celle-ci ne devait pas être imputée à la guerre, mais à la « révolution de l'enseignement » qui avait dévolu le paiement des salaires des enseignants du primaire aux collectivités locales, sans prévoir une aide compensatoire de l'Etat à ces collectivités. Les plus pauvres d'entre elles ne pouvaient les assumer ; les enseignants, qui avaient déjà travaillé une année sans toucher le moindre émolument, restaient à la maison, les élèves aussi. Des générations d'enfants ont été ainsi privées d'éducation du fait de cette « révolution » – et non du seul fait de la guerre, ainsi que l'affirmaient nos dirigeants à Khartoum. En même temps, une faculté de pédagogie venait d'être inaugurée à Kordofan, mais le Soudan n'en était plus à une contradiction près. Mon tropisme pour l'écologie et les questions environnementales m'amena à consacrer l'un de mes articles à la richesse de la faune et de la flore de cette région, réduite en loques à force d'être disputée pour son pétrole ; je racontais les gazelles et les oiseaux, les champs d'ananas sauvages, les papayers dont les cimes atteignaient des hauteurs vertigineuses. Je pleurais tant de trésors perdus.

J'ai révélé des pourparlers de paix secrets : ceux de Belinja s'étaient déroulés peu auparavant. Que de tractations ont été entamées entre le Nord et le Sud Soudan ! Cette fois, le coup de théâtre fut quand même magistral : notre gouvernement mit aux arrêts sa propre délégation, accusée de traîtrise et de collusion avec « l'ennemi ». J'ai assisté à une réunion publique organisée par le préfet de la région du Sud-Kordofan, dont la majorité des habitants appartiennent à la tribu Nouba. Quatre-vingts personnes avaient été admises dans la salle, elles levaient la main pour poser leurs questions, et le préfet leur donnait la parole. Une douzaine de questions avaient été posées, la réunion tirait sur sa fin quand, à mon tour, j'ai levé la main :

— Pourquoi ne répondez-vous pas aux Nouba qui souhaiteraient s'exprimer ? demandai-je sur un ton innocent.

— Comment voulez-vous que je reconnaisse un Nouba ? Nous sommes tous noirs ! me lança le préfet avec une mauvaise foi immédiatement relevée par les autres journalistes.

Je n'avais pas besoin d'enfoncer le couteau, de lui rappeler que la tenue vestimentaire des Nouba était tout de même assez particulière, et qu'il connaissait par ailleurs ses administrés par leur nom, donc forcément par leur tribu. Les échos de cette réunion parvinrent le jour même à ma rédaction, rapportés par d'autres journalistes qui assistaient à la scène. Abdel-Rahman me dit qu'il en avait beaucoup ri.

De retour à Khartoum, j'appris qu'une fête était organisée dans les locaux d'*Al-Sahafa* pour la remise d'un prix récompensant le meilleur journaliste de l'année. Je me suis rendue à cette fête en spectatrice, j'ai été sincèrement surprise et émue d'être accueillie en lauréate, en grande partie du fait des articles et des reportages que j'avais envoyés depuis Kordofan et qui dévoilaient des réalités souvent ignorées dans le reste du Soudan. Les mauvaises langues n'ont pas chômé, notant que le jury était composé de deux personnes, Kamal Bakhit et Abdel-Rahman Mokhtar. Et que de sérieuses questions se posaient donc quant à son impartialité, malgré la qualité de mes articles qui furent cités dans d'autres journaux.

J'avais bien entendu relevé l'intérêt que me portait Abdel-Rahman, mais j'étais persuadée qu'il s'agissait d'un intérêt strictement professionnel ; l'idée qu'il pouvait en être autrement ne n'effleurait même pas. Je savais qu'il avait divorcé après de longues années de vie commune avec son épouse, et qu'il n'avait pas d'enfants. La rumeur affirmait que son épouse avait été enceinte à quatre reprises et qu'à quatre reprises elle avait perdu l'enfant qu'elle portait. Un Soudanais moyen, soucieux de sa descendance, aurait certainement quitté cette femme stérile sans plus attendre. Ou alors, il aurait pris une deuxième ou une troisième épouse, ainsi que l'y autorisent la loi musulmane et la loi du Soudan. Ce n'était pas le cas d'Abdel-Rahman qui avait agi d'une manière très peu soudanaise. Au gré de nos discussions, il me racontait sa conception de la femme, de l'épouse qu'il voyait comme une compagne de vie, une associée, et non comme une simple poule pondeuse. J'avais été très étonnée de ce discours, tellement moderne, tellement différent de celui des jeunes gens qui m'entouraient, des hommes que j'avais côtoyés. Abdel-Rahman était très respectueux de la femme. Il la reconnaissait comme un être à part entière, ce qui n'est pas évident au Soudan, et je m'entendais avec lui comme avec personne d'autre. Il approchait des soixante-dix ans, j'avais vingt-cinq ans, mais en lui, j'avais enfin trouvé un ami.

J'ai été interloquée ce jour où, au téléphone et sans préambule, Abdel-Rahman me demanda de l'épouser. Je crus qu'il badinait, et je lui répondis sur le ton de la plaisanterie. Il n'avait pas insisté mais, dans les semaines qui ont suivi, il glissa quelques allusions à sa demande dans nos conversations. Je finis par comprendre qu'il était sérieux. Nous étions en 1999, mon cœur battait pour un autre, de la manière innocente avec laquelle le cœur d'une jeune fille bat au Soudan, mais je ne voulais pas froisser Abdel-Rahman, ni le vexer. C'est pourquoi j'ai longtemps fait semblant de croire qu'il plaisantait.

Un an plus tard, Abdel-Rahman annonçait son mariage avec une Italo-Erythrienne, mais il divorça au bout de huit mois. Son épouse était ravie de le suivre à Londres où il séjournait à peu près quatre mois durant l'année, elle était prête à l'accompagner en Arabie Saoudite où ses affaires le retenaient un à deux mois, cependant elle refusait d'habiter au Soudan, pays auquel il restait très attaché et où il passait une bonne moitié de l'année. Nous reprîmes nos longues discussions, il corrigeait de moins en moins mes articles, il me parlait de plus en plus de sa vision de l'avenir, de ses préoccupations, nous commentions ensemble l'actualité, nous pestions ensemble contre l'actualité.

Cinq années s'étaient écoulées depuis la première demande en mariage quand, en septembre 2003, Abdel-Rahman réitéra sa proposition. Cette fois, je l'ai prise au sérieux. Je n'ai pas dit oui, je n'ai pas dit non, j'ai demandé un délai de réflexion. Il avait patienté cinq ans, il pouvait patienter quelques jours de plus. Il a patienté.

J'ai réfléchi, j'ai hésité. Je n'ai consulté personne, je n'ai demandé conseil à personne : c'est ma propre vie que j'engageais, et je devais le faire seule. L'obstacle de l'âge me semblait insurmontable. Mais encore ? Abdel-Rahman aurait eu vingt ou trente ans de moins, je n'aurais pas hésité une seule seconde : il aurait été pour moi le plus beau cadeau de la vie, il représentait le summum de ce que je pouvais attendre d'un époux. Je le comparais à certains des prétendants qui s'étaient présentés pour moi chez ma mère. L'un avait divorcé quatre fois et traitait les femmes comme des objets. Un autre était un islamiste – qu'est-ce qui était passé par la tête d'un islamiste pour demander ma main ? Les autres étaient à l'avenant. Je le comparais aux hommes que je connaissais, qui étaient nettement plus jeunes que lui, des journalistes, des intellectuels, mais avec lesquels il m'aurait été impossible d'entretenir une relation spirituelle aussi profonde. Il était plus jeune d'esprit, plus ouvert que tous ceux que je fréquentais. J'ai donc décidé de passer outre le handicap de l'âge. Je lui ai dit « oui ».

Au Soudan, la signature du contrat de mariage religieux précède généralement de quelques semaines ou quelques mois le mariage proprement dit, c'est-à-dire l'installation des époux sous le même toit. Ceux que l'on appelle ailleurs « fiancés » sont donc chez nous, de fait, légalement mariés. Avec Abdel-Rahman, nous avons décidé que la signature du contrat coïnciderait avec le mariage lui-même et se ferait dans les plus brefs délais. Nous étions tous les deux connus au Soudan, nous avons préféré ne pas ébruiter la nouvelle : nous aurions croulé sous les questions, les critiques, les félicitations, les commérages, les ragots, les encouragements, on aurait commenté mon âge et sa fortune, son passé et mon futur. Nous en avons fixé la date deux mois plus tard, à la fin du ramadan. Abdel-Rahman avait décidé que la cérémonie se tiendrait un mercredi, son jour fétiche, je ne m'y étais pas opposée, je n'avais aucune raison de le faire.

Au cours de ces deux mois, nous ne sortions évidemment pas dîner en tête à tête, cette coutume n'existe pas au Soudan, elle est tout simplement impensable pour les Soudanais. On se voyait au journal et aux réceptions de presse, aux dîners officiels auxquels nous étions tous les deux invités. Nous discutions beaucoup au téléphone, comme nous en avions pris l'habitude au cours des cinq dernières années. Cependant, quelques jours avant le mariage, la nouvelle s'est ébruitée, elle s'est répandue, et la cérémonie que nous voulions intime à la mosquée Ali al-Marghani de Khartoum s'est transformée en événement où se bousculaient journalistes et photographes. Il y eut, comme pour un tournoi, les « pro » Lubna et les « anti » Lubna, il y eut des articles et des commentaires, il y eut même un journal qui spécula sur le montant de la transaction financière qui aurait présidé ces noces, le mahr que l'époux verse à l'épouse et qui est inscrit sur le contrat de mariage. Il y eut un tel raffut qu'un responsable politique, qui avait démissionné le jour de la cérémonie, répondit par une boutade aux journalistes qui le harcelaient : « Pourquoi m'interrogez-vous sur ma démission ? Allez plutôt interroger Lubna sur son mariage, c'est plus intéressant. »

C'est naturellement la question de l'âge qui était au centre de toutes ces discussions. L'âge du mari, mais aussi l'âge de l'épouse puisque j'avais trente ans, ce qui ne représente pas la prime jeunesse pour une mariée soudanaise. Mon mari était célèbre, il avait réussi dans la vie, il aurait pu demander la main d'une jeunesse de dix-huit ou vingt ans, sans que cela trouble la société. Un ami de mon mari, un émir arabe, l'avait d'ailleurs appelé, très étonné, en apprenant la nouvelle :

— Elle a trente ans ? Mais pourquoi as-tu pris une femme aussi âgée ?

Abdel-Rahman et moi en avions beaucoup ri. De fait, pendant un mois entier, le Soudan a glosé autour de nos épousailles, m'offrant un avant-goût, à l'échelle locale, de ce que serait, quelques années plus tard, l'affaire de mon pantalon. J'ai fini par prendre ma plume, et écrire un article : « Je n'ai pas choisi le ministre de la Santé ni le préfet de Khartoum, mais mon mari. Vous auriez légitimement pu et dû commenter mon choix du ministre ou du préfet, puisqu'il aurait eu des répercussions sur votre vie. Pourquoi le choix de mon mari vous concerne-t-il de si près ? »

Nous nous sommes installés, à Khartoum, dans la maison d'Abdel-Rahman, une vaste demeure flanquée d'un pavillon dans lequel était hébergée la domesticité, sept personnes dévolues à l'entretien du lieu et de ses habitants, dont un blanchisseur et un chauffeur. Mon mari recevait beaucoup, essentiellement en soirée, et il avait tissé une relation privilégiée avec le cuisinier qui le suivait depuis des années et qui faisait aussi fonction de maître d'hôtel. Celui-ci s'était habitué aux us et coutumes des différents pays de ses hôtes. Il savait que des invités soudanais ou saoudiens se régaleraient d'un grand plat de riz et de viande posé au milieu de la table et où ils puiseraient avec les mains, qu'il ne fallait pas hésiter à forcer sur le piment quand il s'agissait d'Indiens, mais que pour les Européens, il importait de se comporter à l'européenne et de mettre les petits plats dans les grands. Et il était imbattable sur les pâtisseries. En revanche, nous étions souvent seuls pour le déjeuner qu'Abdel-Rahman se faisait servir à 15 heures tapantes. C'était notre moment de détente et d'échanges que nous poursuivions par un thé parfumé, siroté sur la véranda ou dans le jardin. Nous menions une vie de couple très réglée, loin du tumulte et de l'agitation qui sont le quotidien des larges familles au Soudan.

Je partageais le grand bureau de mon mari, à l'étage. J'y avais installé mon ordinateur, et j'avais d'ailleurs très vite repris mes chroniques quotidiennes au journal. Je n'ai jamais supporté l'inactivité, je sais qu'Abdel-Rahman se plaisait à me voir active. Je continuais à me rendre dans la petite bâtisse blanche qui abritait la rédaction, mais les relations que j'entretenais avec mes collègues n'étaient plus les mêmes : pour eux, j'étais la femme du patron. Pour moi, ils restaient mes collègues. Au bout d'un certain temps, je me suis résignée au mur qu'ils avaient dressé entre nous ; je ne partageais plus leurs confidences, ils étaient stupidement cérémonieux, leur déférence à mon égard ne suscitait en moi que malaise. Je me suis rendue de moins en moins souvent dans le bureau que je continuais de partager avec deux autres journalistes, et j'ai travaillé à partir de chez moi, sans rien perdre de mon rythme ni de ma ponctualité.

Abdel-Rahman et moi avions décidé d'attendre les beaux jours pour nous rendre à Londres, en voyage de noces. L'hiver anglais est rude, il craignait que je ne le supporte pas et il voulait surtout me montrer son pays d'adoption sous son plus beau jour, au printemps, la saison que je n'avais jamais connue au Soudan. L'escapade que nous envisagions entre-temps en Asie était restée à l'état de projet, en raison de l'épidémie de grippe aviaire qui y sévissait. Notre voyage comprenait obligatoirement une escale – un embargo aérien sur le Soudan limite, depuis 1996, le nombre de destinations internationales desservies à partir de Khartoum ; nous avons opté pour Abou Dhabi où mon mari avait de la famille. Nous nous étions mariés en décembre 2003, nous avons quitté Khartoum trois mois plus tard, en mars.

Nous avions prévu de passer trois jours à Abou Dhabi, notre escale s'est prolongée bien au-delà. Un incroyable accueil nous avait été réservé ; nous avons été reçus dans les cercles littéraires et nous avons donné deux conférences sur l'état de la presse au Soudan, nous avons assisté à des réceptions offertes en notre honneur par sa famille, par ses amis, par des journalistes et des écrivains, et au cours desquelles Abdel-Rahman finissait souvent par se saisir du micro pour pousser la chansonnette. Il était infatigable ! Je le regardais, je savais que j'avais choisi l'homme qu'il me fallait. Au dix-huitième jour, alors que nous nous préparions à poursuivre notre voyage vers Londres, mon mari a eu un malaise ; un médecin, puis un second sont venus à son chevet, ses neveux étaient à mes côtés. Il a été hospitalisé, les reins bloqués. Les trois premiers jours, Abdel-Rahman était conscient. Il a progressivement plongé dans le coma, tandis que j'apprenais à déchiffrer les chiffres et les courbes qui s'allumaient sur les appareillages auxquels il était relié, aux soins intensifs.

Je n'osais pas m'éloigner de lui, un sombre pressentiment m'étreignait, j'étais obsédée par l'idée qu'il puisse mourir sans être accompagné dans la tradition musulmane. Or, hormis une Egyptienne et une Somalienne, aucune infirmière n'était musulmane, aucune d'entre elles n'aurait su réciter à ses côtés la chahada, la profession de foi de l'islam qui doit mener chaque fidèle au seuil de l'au-delà. Au bout de quelques jours, j'ai demandé à ma mère de me rejoindre à Abou Dhabi. J'ai quitté l'hôtel, nous avons loué un appartement près de l'hôpital. Nous nous sommes relayées au chevet de mon mari.

Je n'avais emporté dans mes bagages que deux sortes de tenues seyant à un voyage de noces : des thobs habillés pour les soirées, des pantalons et des jeans pour les autres occasions. Quand mon mari a été victime de son malaise, nous nous préparions à sortir, j'avais revêtu l'une des beaux thobs prévus pour les grandes occasions. C'est donc en tenue de soirée que je l'ai accompagné et que je suis restée à ses côtés. Que n'avais-je fait ! La nouvelle parvint jusqu'à Khartoum : « Son mari est hospitalisé, et Lubna se promène en tenue de fête. » Abdel-Rahman plongeait doucement dans le coma quand je me suis décidée à rentrer à l'hôtel, prendre une douche et me changer. Je suis revenue à l'hôpital en jean, par commodité. Un déluge de critiques s'est à nouveau abattu : « Son mari est hospitalisé, et Lubna circule en jean. » La communauté soudanaise semblait en grande partie suspendue à ma tenue vestimentaire, je ne voyais que les appareillages qui clignotaient dans la chambre d'hôpital. Dès l'arrivée de ma mère à Abou Dhabi, afin de mettre fin à ces commentaires qui m'épuisaient, je me suis rendue dans un centre commercial pour me fournir en abbayas, ces robes larges et longues qui dissimulent les formes et permettent de se mouvoir en liberté. Et là, que n'ai-je entendu ! « Son mari est entre la vie et la mort, et Lubna s'amuse à faire du shopping à Abou Dhabi. »

Cette aventure m'évoquait irrésistiblement l'histoire de Geha, son fils et l'âne. Geha, personnage fort populaire dans le monde arabe et sujet de milliers d'anecdotes, montait son âne avec son fils. « Pauvre âne qui porte une telle charge ! Geha, comment oses-tu ? », lui dirent les passants. Geha laissa son fils sur l'âne et marcha à leurs côtés. « Pauvre Geha ! Fils, comment laisses-tu ton père marcher tandis que tu montes l'âne ? », dirent les passants. Alors le fils céda sa place à son père. « Geha, comment laisses-tu ton fils marcher tandis que tu montes l'âne ? », dirent encore les passants. Geha et son fils décidèrent de porter l'âne et d'avancer. « Quels ânes », dirent les passants. Je compris qu'il était impossible de satisfaire tout le monde, et qu'il ne m'était d'ailleurs pas demandé de satisfaire tout le monde. Cette leçon m'est restée : depuis cet épisode, j'ai décidé de mener ma vie comme je l'entends. Sans heurter nos traditions, mais sans me laisser emprisonner par elles. Et en essayant de frayer mon chemin entre les coutumes, les lois, et la religion. Ce n'est pas tous les jours facile.

Malgré les soins, malgré les dialyses, l'état de santé d'Abdel-Rahman ne s'améliorait pas. Il ne sortait pas de son état d'inconscience, son corps était traversé de sondes, de tuyaux, des électrodes étaient reliées à son torse, et de son torse à des écrans. Cet homme qui était une montagne gisait désormais sur un lit anonyme d'hôpital. Je ne perdais pourtant pas espoir : un patient soudanais venait de sortir de trois mois de coma, j'espérais que mon époux guérirait lui aussi. Je lui parlais, je lui rappelais les trois mois de bonheur que nous avions vécus ensemble, mes larmes coulaient, ma voix se brisait, mais je parlais encore et encore.

Je n'avais jamais vu quelqu'un mourir, j'ai manqué défaillir quand un patient jordanien a rendu l'âme devant moi, j'étais légèrement plus endurcie en assistant au décès d'un autre patient, asiatique celui-là. J'ai néanmoins poussé la porte de la mosquée des femmes de l'hôpital et j'ai demandé à la Palestinienne en charge de cette mosquée de m'apprendre les gestes de la mort. Elle m'a dit comment réciter la chahada, en tenant l'index de celui qui est en train de s'en aller, elle m'a expliqué quand lui fermer les yeux, lui laver le visage avant de le recouvrir d'un tissu blanc. J'ai appris les gestes, j'ai prié pour ne pas avoir à les exécuter. Je m'accrochais à la poursuite de notre voyage de noces, je remontais dans la chambre, je tenais la main d'Abdel-Rahman, je lui promettais que nous irions à Londres ensemble, je le suppliais de se réveiller, je suppliais Allah de le réveiller. Puis je lui glissais sous l'oreiller son magnétophone, avec des cassettes de lecture du Coran par l'un de ses prédicateurs préférés, des cassettes qui ne le quittaient jamais et que nous avions emportées pour notre voyage de noces. Je voyais ses traits s'apaiser.

De retour de La Mecque, la fille d'une patiente yéménite m'offrit un flacon d'eau de Zamzam, cette source miraculeuse qui jaillit près de la Kaaba, la pierre noire autour de laquelle tournent les pèlerins. Nous étions à l'hôpital depuis quelques semaines déjà, mais le décompte exact des jours m'échappait. Je baignai le visage de mon époux avec cette eau sacrée jusqu'à ce qu'une infirmière indienne m'en interdise l'usage : seule l'eau stérile était autorisée au service des soins intensifs où nous nous trouvions. Je me suis pliée à ses ordres, j'ai remisé le flacon sur le rebord de la fenêtre de la chambre, et je l'ai oublié.

Abdel-Rahman a ouvert les yeux au cinquante-deuxième jour. Il n'a rien dit, mais il a doucement remué la tête quand je lui ai parlé. Je lui ai souri, ses yeux m'ont souri. Nous étions un mercredi, le jour de la semaine qu'il préférait, celui qu'il avait choisi pour notre mariage. Ce mercredi-là, les appareillages de contrôle auxquels il était relié se sont emballés. Ses yeux étaient ouverts, mais j'ai su qu'il approchait de la fin. Il transpirait anormalement. La bouteille d'eau stérile qui se trouvait toujours à son chevet avait curieusement disparu. Je me suis souvenue du flacon d'eau de Zamzam, il était encore sur le rebord de la fenêtre, là où je l'avais laissé. Je lui ai épongé le front en bénissant cette infirmière indienne qui, par ses remontrances, m'avait empêchée d'épuiser cette eau. J'ai tenu mon mari dans mes bras, me souvenant de cette étrange parole qu'il avait eue un jour, alors que nous étions assis sous les étoiles, dans le jardin de notre maison de Khartoum :

— Mon vœu le plus cher est de mourir dans les bras d'une personne que j'aime et qui me récitera la chahada.

Je lui ai tenu son index, je lui ai récité la chahada. Abdel-Rahman est mort dans mes bras. J'ai accompli les ultimes gestes comme un automate. Je me suis effondrée après que le médecin eut constaté son décès.

Abdel-Rahman a été inhumé au Soudan. Je n'ai pas assisté à ses funérailles ; je me suis pliée à la coutume de « l'emprisonnement de la veuve ». Pendant quatre mois et dix jours, entièrement vêtue de blanc, la couleur du deuil, je ne suis pas sortie de notre maison de Khartoum. Mais j'ai commis quelques entorses à cette coutume. Comme le veut la tradition, j'ai dressé un lit blanc dans la pièce principale. Je n'aurais normalement pas dû en bouger, sauf pour aller aux toilettes : une veuve reste durant cette période assise face au mur, elle ne cuisine pas, on cuisine pour elle, elle n'ouvre même pas un tiroir, on l'ouvre pour elle, elle ne se huile pas les cheveux, ne se met pas de baume sur le corps. Elle pense à son défunt époux et prie pour lui, rien ne doit venir la divertir de sa peine. Or, j'ai bougé. Mon bureau, mon ordinateur étaient à l'étage, j'ai été à l'étage, j'ai allumé mon ordinateur, j'ai surfé sur les sites d'information ; au bout de quarante jours, j'ai même repris ma chronique quotidienne au journal, que j'ai envoyée chaque jour par mail. Je regagnais ma place sur le lit quand une voisine, une amie, une relation venaient me présenter leurs condoléances, et elles étaient toujours désagréablement surprises de me voir descendre l'escalier. J'ai aussi scandalisé en regardant la télévision, en écoutant la radio. Qu'importe si je ne suivais que les informations, qu'importe si j'avais trop de chagrin pour regarder un film ou écouter de la musique : mes incartades ont choqué. J'ai voulu prendre une douche et me savonner : là, il y eut un barrage. Mes proches avaient retiré les savons parfumés de la maison, autrement dit tous les savons, j'ai supplié pour obtenir un savon médical qui m'a finalement été accordé. Plus tard, j'ai apporté l'un de ces savons à une amie qui venait de perdre son mari ; elle l'a refusé en mettant en avant l'interdit religieux, elle m'a affirmé que l'islam ne permet pas aux veuves l'usage des savons, non plus que celui de l'huile pour les cheveux. Sur mon insistance, elle a consulté un uléma. Celui-ci fut formel : l'islam interdit certes aux femmes les parfums, mais en aucun cas les huiles ni le savon.

Je me suis volontairement pliée à la coutume, mais j'ai voulu prouver qu'elle n'était, dans tous ses aspects, qu'une coutume, sans lien avec la religion. Je lui ai consacré l'une de mes chroniques, j'ai raconté aux lecteurs « l'emprisonnement de la veuve », je me suis essentiellement arrêtée sur l'interdit pesant sur les contacts avec les hommes, hormis le père, le frère et le fils – y compris par téléphone et par mail, nos coutumes s'étant mises au diapason des technologies modernes. J'ai posé une question simple : « L'emprisonnement de la veuve répondit-il à une injonction de l'islam ? Le fait, pour une veuve, de rencontrer un homme en public est-il réellement interdit par l'islam ? Et en vertu de quel principe cet interdit subsiste-t-il quand elle est entourée de sa famille, de ses amies, de ses proches ? » J'ai demandé à celui qui détiendrait la réponse de m'expliquer son substrat religieux. D'autre part, pourquoi ces innovations dans la charia, qui démontrent un effort de réflexion théologique, se font-elles toujours dans le sens de la régression des droits de la femme ?

Les réactions me parvinrent en avalanche. Elles étaient de toutes sortes. Il y eut bien sûr ceux qui me reprochaient toutes les libertés que je prenais avec la période d'emprisonnement, dont la liberté d'écrire ; d'autres qui m'assuraient que les mails ne tombent pas sous le coup d'une condamnation, ce qui n'est pas le cas des conversations téléphoniques. Je reçus aussi des marques de soutien, la plus importante pour moi restant celle de Sadek el-Mahdi, le chef de file du courant musulman conservateur Al-Ansar – qui n'est pas le courant islamiste. Sadek el-Mahdi est le petit-fils de Mohammed el-Mahdi, le leader historique qui, en 1881, s'était déclaré le Messie d'Allah, s'était soulevé contre les autorités turques au Soudan puis avait fondé un Etat avec Oum Dourman pour capitale. Il mourut en 1885 ; quatorze ans plus tard, les Britanniques eurent raison de son Etat. L'épouse d'un autre de ses descendants, Ahmed el-Mahdi, elle-même journaliste, m'appela après la prière de l'après-midi, m'annonçant qu'elle viendrait avec son époux me présenter leurs condoléances et briser ainsi publiquement ce tabou qui n'est pas lié à la religion. Ma mère gémit :

— Tu ne penses pas qu'on se passerait bien de ce nouveau tapage médiatique ? Tout ce qui a été dit et écrit autour de ton mariage ne t'a pas suffi ?

Mon but n'était pas de braquer les lumières sur moi, mais d'apporter la lumière sur le pourquoi d'une tradition. Chacun est libre de se plier à une tradition ou de la rejeter, mais appelons-la par son nom, qui est tradition et non religion. On me dit aussi le bénéfice que tireraient la veuve et son défunt mari de l'emprisonnement ; je crois personnellement que seule la prière est bénéfique au défunt et, sur ce plan, j'espère avoir accompli mon devoir. Durant mon « emprisonnement » et durant les cinquante-deux jours d'hospitalisation d'Abdel-Rahman.

Ahmed el-Mahdi est venu. Il m'a confirmé que cet interdit n'était pas lié à l'islam et ne constituait en rien une obligation religieuse. Le ministre des Affaires religieuses est également venu me voir ; je l'ai reçu en présence du frère de mon mari et de son fils, un autre tabou que je brisais. Le ministre, qui est pourtant affilié au mouvement des Frères Musulmans, m'a confirmé dans mes convictions. Une veuve, a-t-il ajouté, peut même briser son emprisonnement pour retourner à son travail, si elle n'a pas d'autre choix. J'ai aussitôt rapporté dans ma chronique ces deux visites et les propos qui m'ont été tenus, ce qui me valut bien sûr d'autres critiques, émanant, comme les précédentes, pas nécessairement d'hommes de religion, mais de personnages ordinaires qui font des traditions le pivot de leur existence. Toutefois, pour épargner mes proches, en particulier ma mère, j'ai abandonné l'idée de sortir de ma « prison » pour me rendre à La Mecque et effectuer la omra, le petit pèlerinage.

Et j'ai compté les jours. Dans la mesure où la société soudanaise attribue la tradition de l'emprisonnement de la veuve à l'islam, je me suis fondée, pour mon calcul, sur le calendrier musulman, lunaire, dont les mois comptent un à deux jours de moins que ceux du calendrier chrétien, solaire. Je n'étais toutefois pas la seule à compter : à peine suis-je sortie de chez moi que des voisines débordant de mansuétude se sont précipitées à ma rencontre :

— Rentre chez toi, il te reste trois jours.

Je leur ai expliqué que je m'étais basée sur le calendrier de l'islam. Je ne pense pas les avoir toutes convaincues puisque certaines, à bout d'arguments, me mirent ainsi en garde :

— La veuve qui quitte précocement sa maison trébuchera sur un arbre, appelé l'arbre de l'emprisonnement. Dès lors, elle ne pourra plus jamais s'arrêter de marcher…

J'ai pris « le risque de l'arbre » et je suis sortie. Je n'ai pas revêtu la robe blanche de la veuve ni le thob noir que j'avais pourtant préparé : j'ai suivi les recommandations de l'une des proches de mon mari, une femme évoluée, et je me suis habillée de couleurs neutres, des couleurs de tristesse tels le beige, le marron ou le gris. Bien évidemment, les âmes de bon conseil sont nombreuses au Soudan, et elles ont accouru pour me souffler quoi porter, quoi ne pas porter, les couleurs autorisées, les formes interdites. J'ai laissé dire… et je n'en ai fait qu'à ma tête, comme d'habitude. Les bonnes âmes se sont finalement lassées, ou bien elles se sont trouvé un autre objet de mansuétude.

J'étais triste, mais la vie devait continuer. J'ai repris mon travail, je me suis rendue à des conférences puis à des réceptions de presse, j'ai revu des amis. J'ai fait mine de ne pas entendre la rumeur : « Lubna est sortie de prison pour aller à la fête. »

Lubna est sortie de prison en espérant que, bientôt, cette prison ne sera plus qu'un mauvais souvenir au Soudan. Ou une ancienne tradition. En effet, j'ai eu la chance d'être entourée de ma famille, de mes proches qui m'ont assistée à toutes les heures du jour et de la nuit. J'ai eu la chance de pouvoir continuer à travailler à partir de ma « prison » – et le courage de briser un tabou pour ce faire. Je connais des femmes qui, dans les villes, sont « emprisonnées » sans personne pour les assister, pour assurer leurs courses ou la cuisine. Je connais des femmes qui, pour rester chez elles, finissent à la rue. Des employées du secteur privé auxquelles est refusé ce long congé et qui sont contraintes de démissionner, perdant ainsi à la fois leur mari et leur gagne-pain – dans le secteur public, les fonctionnaires sont payées pendant leurs quatre mois et dix jours d'emprisonnement. Je connais de pauvres mères de famille, travailleuses indépendantes qui, pour ne pas déroger à la tradition, préfèrent sacrifier l'un de leurs enfants, un gamin de dix ou douze ans qui prend la relève pour vendre du thé ou des confiseries dans la rue et subvenir aux besoins de la maisonnée le temps du deuil. Quand j'étais enfant, l'une de nos voisines avait été contrainte, sous la pression de son patron, de retourner au travail au bout d'un mois et demi ; que n'a-t-on entendu, quel scandale ce fut ! Puis, avec le temps, les conversations se sont épuisées, le cours normal de la vie a repris. Récemment, une femme a perdu son père pendant sa période de deuil ; elle n'avait pas pu se rendre à l'hôpital pour lui dire au revoir, elle a rompu son deuil pour aller le pleurer. En dépit des critiques. Ai-je fait école ?

Un jour, je l'espère, la veuve cessera d'être punie comme une criminelle. Mais quel crime a-t-elle donc commis ? Un jour, l'emprisonnement de la veuve ne sera plus qu'un souvenir ou un choix, comme l'est aujourd'hui l'emprisonnement de la fiancée. Cette coutume tombera en désuétude par obligation. Car la fiancée aussi était emprisonnée : quarante jours quand j'étais enfant, moins de deux semaines il y a dix ans, de moins en moins aujourd'hui où les femmes qui travaillent préfèrent réserver leurs vacances pour leur lune de miel. Hier, la honte se serait abattue sur une mère qui n'aurait pas emprisonné sa fille avant son mariage ; la vie moderne a triomphé d'une tradition. Les conditions économiques triompheront d'une autre : la vie est dure au Soudan, rares sont les ménages qui peuvent se contenter d'un seul salaire, le travail des femmes est devenu la norme. Et je suis convaincue que tôt ou tard, même si ce n'est pas par conviction, cette coutume tombera en désuétude par obligation.

En 1961, Abdel-Rahman, qui venait de fonder *Al-Sahafa*, s'est rendu aux Etats-Unis pour couvrir l'assemblée générale de l'Onu. Avant son départ, il a été saluer Ali al-Marghani, le chef spirituel de la confrérie soufie des Marghania dont il était proche. Ce dernier lui remit une lettre destinée à Martin Luther King, avec qui Abdel-Rahman avait obtenu un entretien. La lettre parvint bien sûr à son destinataire. A l'époque, les lois ségrégationnistes n'avaient pas encore été abolies aux Etats-Unis (elles le seront en 1964), les Noirs ne pouvaient pas s'asseoir à leur guise dans les bus, ni fréquenter les restaurants ou les écoles destinés aux Blancs. La lettre, dont Al-Marghani avait dévoilé le contenu à mon mari, était d'autant plus surréaliste : il annonçait en effet qu'avant la fin du XXe siècle les Noirs occuperaient de hautes fonctions aux Etats-Unis, et qu'aux alentours de 2010 un homme noir entrerait à la Maison-Blanche. Abdel-Rahman a évoqué cet épisode et cité la lettre dans *L'Automne du bonheur*[1], un livre qu'il a écrit à la fin des années 1970 et qui fut publié en 1986. Au moment de la sortie du livre, la prophétie d'Al-Marghani relevait encore de l'utopie. Ronald Reagan était président des Etats-Unis, la « tradition blanche » semblait inamovible…

J'ai vécu trois mois de bonheur parfait avec Abdel-Rahman. J'étais son égale, il était plus que mon époux, mon ami. J'ai trouvé avec lui mon humanité, ma liberté.

1. Edition des Imprimeries Al-Bayan, 1987, p. 34.

7

Histoires de femmes et de vêtements

En 2007, je postulai à un diplôme supérieur en journalisme, et j'ai passé un examen à l'université de Khartoum. J'avais mis autant de soin à mon habillement qu'à mes ultimes révisions : la moindre incartade vestimentaire peut coûter son diplôme à une candidate. J'avais opté pour le salwar kameez pakistanais, ce pantalon ample recouvert d'une tunique tombant jusqu'aux genoux. En dépit de quoi, j'ai été interdite par la police universitaire de franchir la porte de l'établissement : mon salwar avait beau être bouffant, il n'en restait pas moins un pantalon. Je ne voulais pas rater cet examen, j'ai discuté pied à pied avec les préposées (car il s'agissait de femmes) à la surveillance de nos mœurs.

— Est-ce que je peux prier dans cette tenue ?

Elles se consultèrent, et me rendirent leur réponse :

— Bien sûr.

— Puisque je peux prier ainsi, je passerai donc mon examen dans cette tenue.

La discussion fut ardue. J'ai eu gain de cause, en partie grâce à ma notoriété et à ma réputation de journaliste à la langue pendue. Je pense que ces préposées se sont révélées plus intelligentes que le policier qui m'arrêtera deux ans plus tard, au restaurant Oum Kalthoum, pour port de pantalon ! D'autres candidates n'ont pas cette chance : pour une infime transparence dans le voile, pour une manche qui n'atteint pas le poignet, elles perdent un an d'études, un an de leur vie. Le pantalon leur est interdit, quand bien même auraient-elles des jambes artificielles – dans ce cas, elles doivent se munir d'un certificat délivré par une commission médicale assermentée. Les étudiants, eux, n'ont pas à se soucier de ces détails : ils peuvent se présenter avec un tee-shirt court et serré et du gel sur les cheveux, ils entrent librement à l'université. Il n'existe aucune règle à leur sujet, la police universitaire n'a pas pour mission de scruter la manière dont ils se vêtent.

L'habillement est devenu l'obsession des Soudanaises. Avec son arc-en-ciel de trois cent cinq tribus aux coutumes et aux croyances si diverses, le Soudan est un pays viscéralement multiculturel, et cette diversité qui lui est propre s'est toujours reflétée dans les pratiques vestimentaires de ses habitants, en particulier des femmes. Jusqu'au début du XXe siècle, dans le nord du pays, les jeunes filles se ceignaient d'un simple rahab, une ceinture de laquelle pendent des lanières de cuir ; quand j'étais enfant, la mariée dansait en rahab le jour de ses noces. Puis la culture du coton et le tissage ont été introduits, le thob traditionnel s'est répandu, un tissu coloré et léger, parfois transparent, d'une longueur de quatre ou cinq mètres, que la femme drape autour de son corps et de sa tête. Au début des années 1960, avec l'arrivée de la télévision et du cinéma et la déferlante des films égyptiens, beaucoup de Soudanaises ont voulu copier les actrices ; elles se sont mises au goût de la mode occidentale, et les jupes ont raccourci quand la styliste britannique Mary Quant en a donné le tempo, au milieu de ces années-là. Certaines de mes compatriotes drapaient un thob au-dessus de leur mini-jupe, d'autres avaient abandonné ce long tissu.

Aujourd'hui, dans de nombreuses tribus du Sud, hommes et femmes continuent de circuler vêtus comme à l'heure de leur naissance : sans aucun vêtement ni aucun pagne. Dans l'une des tribus de l'Est, les femmes se couvrent entièrement la tête et la face, à la manière d'un nikab, mais dévoilent leur poitrine. Dans une autre tribu de la même région, la moitié inférieure de la tête est dissimulée, la moitié supérieure, y compris la chevelure, laissée à l'air libre. Et je peux citer bien d'autres cas de tribus nordistes qui s'accrochent à leurs traditions vestimentaires ancestrales, par esprit de résistance.

En effet, comment peut-on brusquement décider d'imposer ce que l'on appelle voile islamique à des individus qui, depuis des siècles, sont habitués à la variété, à la diversité, à la multiplicité ? Certes, l'accord de paix signé en 2005 entre le nord et le sud du Soudan autorise les habitants du Sud à perpétuer leurs coutumes, dans le cadre des frontières administratives de leur territoire. Au-delà, la charia d'Omar al-Bachir ne les épargne pas, quelle que soit la religion à laquelle ils appartiennent.

Nombreuses sont les Soudanaises qui s'essaient à la résistance en… portant des pantalons. Dérisoire résistance quand on sait que ces pantalons sont toujours larges, toujours surmontés d'une tunique qui couvre amplement les fesses et le haut des cuisses ! Certes, elles sont alors interdites d'entrée dans les administrations officielles aux portes desquelles veillent les gardiens de nos mœurs, et dans les universités où ces gardiens reçoivent malheureusement l'aide et l'appui d'étudiants endoctrinés, toujours prompts à surveiller l'application de la loi et à dénoncer leurs camarades. Mais dans les rues, dans les lieux publics et même privés qu'elles fréquentent, elles courent le risque d'être traduites en justice, fouettées. Un bon contingent des 43 000 personnes arrêtées rien qu'en 2008, dans la seule préfecture de Khartoum, pour avoir enfreint l'article 152 de notre code pénal sont des femmes qui portaient des habits « heurtant la sensibilité publique », selon l'expression en vigueur. Dont le pantalon. Ce même pantalon dont le port est pourtant obligatoire dans une autre République islamique, elle aussi régie par la charia : l'Iran. Allah aurait-il donc des exigences différentes, fluctuant selon la nationalité de ses fidèles ? Faut-il rappeler qu'en cette même année 2008, tandis que les forces de l'ordre étaient occupées à pourchasser les femmes, les forces de l'opposition au Darfour réussissaient à pénétrer dans Khartoum pendant quelques heures, en pleine journée ?

Mon arrestation est loin d'avoir été la plus grave ou la plus dramatique, loin de là. D'abord, je n'ai pas eu à subir les foudres de ma famille, je n'ai pas eu à baisser la tête par honte d'avoir « porté atteinte aux mœurs publiques », je n'ai pas dû me cacher par crainte d'être punie deux fois, l'une par le bourreau avec son fouet, l'autre par les miens, comme c'est le cas pour certaines femmes que le mari répudie après une telle mésaventure, ou dont le père ou le frère interdit la réintégration au domicile familial, ou l'emprisonne à la maison. Ma mère, ma sœur, mon frère, mes proches, m'ont non seulement comprise, mais pleinement soutenue. D'autre part, j'ai eu la « chance » d'être arrêtée dans un restaurant, un lieu public ouvert à tous, et non dans un lieu privé comme cela est parfois le cas. En vertu de la loi, la police de l'ordre public a, en effet, le droit et même le devoir de faire irruption dans les lieux privés, par exemple ces fermes que des habitants de Khartoum ou d'Oum Dourman possèdent à la lisière de la ville et où ils organisent volontiers d'interminables déjeuners de famille auxquels sont conviés, cela va de soi, les voisins et les amis. On y accède en moins d'une heure, en voiture ou dans un car loué pour transporter la joyeuse assemblée où se confondent les générations. En moins d'une heure, on laisse derrière soi le sable envahissant de la ville pour se plonger dans la verdure, au milieu des animaux. On y vient pour oublier, le temps d'une journée, les soucis de la ville. Jusqu'à ce que débarquent les camionnettes de la police. Et gare à celles qui, pour cette journée champêtre, ont choisi le pantalon ou qui ont légèrement défait leur foulard ! Je n'évoque même pas celles qui auraient eu l'outrecuidance d'allumer une cigarette ou de tirer sur une chicha : la loi interdit aux femmes de fumer (cet interdit ne concerne pas les hommes), et les malheureuses prises en flagrant délit sont guéries de leur vice par une bonne séance de fouet.

La police de l'ordre public surveille la mise des femmes, mais aussi leurs mœurs. Les aménagements de l'espace public sont conçus pour l'aider dans cette tâche : dans les jardins publics, les recoins sont rares... ou alors suffisamment vastes pour qu'un couple ne s'y abrite pas. A Khartoum, sur la rue du Nil qui longe le fleuve, ce fleuve source de vie, source de notre civilisation, les bancs de pierre ont été arrachés : leur dos donnait sur la rue, ils regardaient le Nil, les amoureux auraient pu s'y asseoir en se tenant la main, sans être vus. Les nouveaux bancs qui ont été installés sont inversés : ils tournent le dos au fleuve et regardent la rue. Les patrouilles motorisées peuvent ainsi, sans s'arrêter, veiller à la bonne tenue de leurs occupants.

Une femme honnête, dit leur loi, ne se permettra jamais de rester en tête à tête avec un homme si elle n'est pas liée à lui par le mariage, ou par des liens de sang interdisant le mariage. Quand un homme et une femme sont seuls, le diable est avec eux. Par déduction, seules les femmes malhonnêtes parlent avec un étranger en l'absence de chaperon et, puisqu'elles sont malhonnêtes, il est normal que la police les arrête et les fasse condamner. Le flagrant délit de tête-à-tête n'est même pas nécessaire pour que la police de l'ordre public intervienne : une femme qui sort d'un immeuble de bureaux, après l'heure habituelle de fermeture, peut en toute légalité être arrêtée et menée à l'hôpital. Les hôpitaux ont l'habitude de recevoir de telles « patientes », parfois des femmes qui avaient mal mis leur voile ou porté un pantalon, ou arrêtées pour n'importe quelle autre raison dont la police n'a pas à se justifier. Elles sont immédiatement conduites auprès d'un médecin qui procède à un examen de virginité. Si elles sont vierges, elles sont libérées à condition qu'il n'y ait pas de flagrant délit, la procédure se poursuit s'il y a un autre fait d'inculpation – par exemple le port du pantalon. Une femme qui, à l'examen médical, se révèle ne plus être vierge, est tenue de présenter son certificat de mariage pour regagner la liberté. En attendant que sa famille l'apporte (je connais peu de personnes qui se promènent avec leur certificat de mariage en poche), elle est conduite au commissariat. Gare à celle qui n'est pas mariée et qui n'est plus vierge ! Cette prostituée sera traitée comme telle. Fouettée de cent coups de fouet en cuir d'hippopotame, soumise à une amende, voire à des mois de prison.

Il ne faut pas en déduire que toutes les jeunes filles soudanaises soient de sages vierges : un médecin de Khartoum, dont le procès s'est déroulé durant l'été 2008, a avoué avoir procédé à des centaines de reconstructions d'hymen, ces opérations que l'on appelle couramment de « réparation de la virginité ». Il n'était pas jugé pour ce fait, mais pour avoir pratiqué des avortements, interdits par la loi. Les reconstructions d'hymen, elles, ont été légitimées par une fatwa, un avis religieux qui en a interloqué plus d'un. Je ne suis pas docteur en sciences religieuses, et je ne me permettrai donc pas de commentaires sur ce sujet. Je m'autorise simplement une question : cette fatwa n'est-elle pas une caution de l'hypocrisie ?

Il y a 3 500 ans, il y avait des reines au Soudan, des reines qui décrétaient la loi et menaient la guerre, des reines qui ont imprimé leurs marques sur nos pyramides, la plus célèbre étant Amani el-Cheikho. Aujourd'hui, rares sont les Soudanaises qui n'ont pas eu, un jour ou l'autre, à pâtir de la police des mœurs. Leurs histoires sont légion, elles se ressemblent toutes par leur absurdité, et je ne vais pas toutes les raconter. Je dirai celle de mon collègue qui était en voiture avec son épouse et leur gamin quand ils ont été arrêtés pour une raison que j'ignore – et que mon collègue devait également ignorer puisqu'il s'est énervé. Son épouse lui intima, dans une langue étrangère, de se calmer. Cette langue a-t-elle heurté le policier ? Tous trois furent embarqués au commissariat, sommés d'expliquer pourquoi ils étaient ensemble. Le couple était uni par les liens du mariage ? Qu'il le prouve donc ! La soirée était avancée, mon collègue, son épouse et leur gamin ont dormi au poste en attendant le lendemain, quand l'un de leurs proches a apporté leur certificat de mariage. Ils sont sortis, sans un mot d'excuse. Ni pour eux, ni d'ailleurs pour cet enfant qui a expérimenté bien jeune le goût d'une nuit derrière les barreaux.

Une jeune fille m'a récemment raconté son histoire. Une triste histoire. Elle était étudiante à Khartoum et avait contracté mariage avec un jeune homme installé en province. Ils n'habitaient pas encore sous le même toit – il peut s'écouler des semaines ou des mois entre la signature du contrat de mariage et sa célébration. Ainsi que l'exige la tradition, le jeune homme avait pris à sa charge le trousseau de son épouse : il lui envoyait chaque mois l'argent nécessaire à ses achats. Les Soudanaises sont coquettes, et celles qui ont abandonné la tenue traditionnelle pour une allure moderne privilégient l'achat de vêtements importés. Des femmes se sont lancées dans ce commerce : elle se rendent en Syrie ou en Turquie, en reviennent avec des malles pleines d'habits et contactent leurs clientes – dont elles se sont parfois enquises des goûts et des envies avant leur départ. La jeune fille en question avait passé commande de quelques effets à une commerçante qui les lui rapporta et lui fixa rendez-vous, ainsi qu'à d'autres clientes, chez elle, un après-midi. Au domicile de la vendeuse, des malles étaient ouvertes dans toutes les pièces, regorgeant de robes, de chemises, de jupes ou d'écharpes. De belles pièces, me dit-elle. Six ou sept clientes étaient présentes, ainsi que deux clients, des hommes venus probablement choisir un cadeau pour leur épouse, leur sœur ou leur mère. La jeune fille était accompagnée de deux amies.

Tout ce beau monde était plongé dans les malles quand la police de l'ordre public a fait irruption au domicile de la commerçante. Elle n'a pas été inquiétée pour son commerce, mais elle a été embarquée, ainsi que ses clients et clientes, au commissariat. Le jugement est intervenu très rapidement et, comme toujours, sans qu'il soit permis à la défense de s'exprimer. La commerçante a été condamnée pour proxénétisme, les clientes pour « avoir été tentées par la prostitution » (un « crime » que même les salafistes ignorent !). Les clients ont été également condamnés. La jeune fille était issue d'un milieu traditionaliste. Après sa condamnation, elle a été exclue de l'université, son mari l'a répudiée, et son père, face à cette avalanche de catastrophes, a fait une crise cardiaque. Il en est décédé. Sa vie a été définitivement détruite.

Je ne résisterai pas à raconter une autre histoire, celle d'une femme dont le mari était en voyage d'affaires et qui avait organisé l'anniversaire de l'un de ses enfants, un adolescent d'une quinzaine d'années. Elle a soufflé les bougies avec les convives, des filles et des garçons, puis elle s'est retirée dans sa chambre. Là, elle s'est mise en tenue d'intérieur, puis s'est glissée dans son lit, probablement pour bouquiner ou pour dormir. Entendant les rumeurs d'une fête, la police de l'ordre public est arrivée, elle a forcé la porte de sa chambre, la malheureuse a été contrainte de suivre les policiers sans avoir le temps de s'habiller. Par pudeur, elle s'est recouverte de son drap de lit, qu'elle a enroulé autour d'elle à la manière d'un thob. Elle a été aussitôt jugée, condamnée et emprisonnée pour proxénétisme, puisque sa maison abritait des adolescents et des adolescentes que ne liait aucun lien, sinon celui de l'amitié. Quand les parents de son mari sont venus la récupérer, elle était toujours en chemise de nuit. La première question qui leur est venue aux lèvres est celle-ci : « Où est l'homme qui était avec elle ? » Il n'y avait bien sûr pas d'homme, seulement un livre. La suite de ses mésaventures ne m'a pas été rapportée. Je lui souhaite de n'avoir pas eu sa vie brisée, tout simplement parce qu'elle avait offert à son fils un anniversaire entre copains…

La loi soudanaise sur les mœurs publiques peut paraître sévère. Elle est surtout très injuste envers les femmes ; elle l'est beaucoup moins avec les hommes, elle se montre même étrangement conciliante avec eux. Un homme de religion enseignant le Coran, par ailleurs entraîneur de natation, a été attrapé en flagrant délit de viol sur un gamin d'une dizaine d'années, l'un de ses élèves. Il a été condamné à un mois de prison – la peine à laquelle sont condamnées les femmes qui portent un pantalon, quand elles échappent au fouet. Une jeune fille qui était avec l'un de ses amis dans une voiture a été arrêtée, tous deux ont été conduits au commissariat, l'ami a été interrogé et battu, elle-même a été violée par toute la brigade, c'est-à-dire sept ou huit policiers. Une plainte a été déposée, chacun des violeurs a été condamné à cent coups de fouet ; ont-ils effectivement été fouettés par leurs collègues ? C'est un peu plus du double de la ration que reçoit une femme quand elle porte un pantalon. La jeune fille, elle, a été fouettée non pour avoir été violée, mais parce qu'elle avait été attrapée en voiture, avec un ami.

Au Soudan, la femme est encore très loin d'être l'égale de l'homme. Des lois et des fatwas viennent chaque jour accroître son inégalité. Je pense ainsi à un nouveau contrat de mariage, dit « le mariage avec cessation de droits », en vertu duquel l'homme n'a aucune obligation matérielle envers son épouse : elle vit chez ses parents, elle est nourrie par eux, lui, souvent polygame, la rencontre quand il le souhaite. La fatwa en vertu de laquelle ce contrat a été édicté repose, disent-ils, sur un hadith, un propos du Prophète rapporté par l'un de ses compagnons, Abou Hurayra. Dans ce cas, pourquoi ne pas retenir d'autres hadiths rapportés par le même Abou Hurayra ? Ceux où un baiser ou une caresse ne sont pas punis de coups de fouet, ne sont pas punis du tout ? Selon leur loi, un SMS, un court message envoyé par téléphone portable, est un acte obscène. Ce « mariage avec cessation de droits » n'est-il pas un acte obscène, au regard des dures réalités de la vie et de la société soudanaises ?

Car le Soudan n'est pas l'Occident. La femme y est opprimée par la loi, et elle n'est pas encore libérée par la société. Le mariage est interdit avant seize ans, « sauf accord du juge ». Je ne connais cependant pas de cas où le juge n'ait pas donné son accord au père, sans demander l'avis de la fillette, cela va de soi – d'ailleurs, on se passe même très souvent de l'avis du juge. Et il n'est pas rare de croiser dans les rues de pauvres filles de quatorze ou quinze ans qui mendient, leur enfant à leur bras...

Par ailleurs, une Soudanaise ne peut pas vivre seule : la loi n'aborde pas ce problème, la société ne le tolère pas. En même temps, l'exiguïté des logements dans les villes et les aspirations au confort de la vie moderne ont imposé un fait accompli : quand chaque enfant veut sa chambre et les parents leur intimité, la famille cohabitante se réduit. Quand j'étais enfant, et ce temps n'est pas si lointain, la famille élargie vivait sous le même toit : les grands-parents, les enfants, les petits-enfants formaient une même famille, les fratries se confondaient. Cette tradition perdure certes, néanmoins elle commence à s'écorner, du moins dans les grandes villes. Par la force des choses, une femme, veuve ou divorcée, peut se retrouver habitant seule, sans personne pour la chaperonner. L'opprobre public perdure certes, mais il ne pèsera plus autant sur cette femme. Les célibataires qui travaillaient commencent même à franchir le pas.

Quelques autres indices ténus, quelques autres cas isolés, me confirment dans ma conviction d'un changement à venir. Je pense à ce père qui, au lendemain du mariage de sa fille, reçoit un appel de son gendre :

— Ta fille n'est pas excisée. Soit tu la fais immédiatement exciser, soit tu la reprends.

Le père n'a pas cédé au chantage :

— Répudie-la tout de suite et rends-la-moi.

Le gendre, interloqué, est revenu sur sa colère. Son épouse est restée avec lui, la tête haute. Des pères comme celui-ci ne courent pas les rues : la plupart seraient prêts à tout pour éviter la honte d'un divorce précoce, aliénant l'avenir de leur fille, et faisant peser des doutes sur l'honneur de toute la famille. « Mieux vaut un mauvais mariage que quelques commérages » : telle reste la règle générale au Soudan. Celle qui fit plier une jeune fille que son époux autorisa à poursuivre ses études quand ils signèrent le contrat de mariage. Mais qui, au lendemain du mariage proprement dit, lui lança sèchement que la place d'une femme est à la maison. Elle abandonna l'université, où elle était considérée comme un élément brillant. Elle choisit de se soumettre, non parce qu'une quelconque loi l'y contraindrait, mais en raison du lourd poids de la tradition. Ce poids qui contraint des femmes à accepter les pires abominations sans quitter pour autant le domicile conjugal. Le jour où elles auront acquis leur autonomie financière, franchir ce pas leur sera certainement plus facile…

On nous dit que ces coutumes, a fortiori leur charia, répondent à la volonté d'Allah. Que vient donc faire la religion dans cette galère ? Je suis musulmane et, quand je relis mon Coran, j'y vois qu'Allah pardonnera tous les péchés à l'exception du polythéisme, parce que celui-ci introduit une tierce partie entre le fidèle et son Dieu. Mais… notre gouvernement islamiste et notre police de l'ordre public ne tentent-ils pas de s'imposer comme une tierce partie ? Comme les uniques médiateurs entre Allah et Ses créatures, dans la mesure où ils prétendent être les seuls à savoir ce qui réjouit Allah et ce qui suscite Son courroux ? Est-ce pour complaire à Allah ou aux autorités que certains hommes se laissent pousser la barbe, ou font en sorte que la marque des pieux s'imprime sur leur front, signifiant qu'ils prient et se prosternent plusieurs fois par jour ? Ceux qui prient et se griment pour obtenir de hauts postes et conserver leurs privilèges n'adorent pas Allah, mais les autorités auxquelles, au fond, ils adressent ces prières. Ils ne prient pas par amour d'Allah, ils ne se soumettent pas à Allah, ils ont juste peur du gouvernement et de sa police. Et quand ils se rendent dans les mosquées d'Etat, ce n'est pas pour rencontrer Allah, mais pour croiser tel ministre ou tel haut responsable. N'est-ce pas de l'hypocrisie ? N'est-ce pas une forme de polythéisme ? Dieu a dit à Son Prophète : « Rappelle-leur », Il ne lui a pas dit : « Ordonne-leur. » Notre gouvernement, qui a mis la main sur la relation entre l'homme et son Dieu, a décidé, lui, qu'il n'a rien à rappeler, il lui suffit d'ordonner. Il me semble pourtant que la mission première d'un gouvernement n'est pas de faire en sorte que toutes ses citoyennes aillent après leur mort au Paradis, mais de gérer l'ici-bas, d'inaugurer des écoles, des hôpitaux.

Quant au hijab, parlons-en. Le mot « hijab » figure dans sept versets du Coran, il ne fait cependant référence ni aux vêtements féminins, ni aux femmes ordinaires : à une reprise, il est associé à la mère d'un prophète, une autre fois aux épouses du Prophète. Dans le verset 53 de la sourate 33, il est assimilé à un rideau dissimulant les épouses du Prophète au regard des autres hommes. Car il est des usages particuliers à la Maison du Prophète, qui ne sont pas exigés du commun des fidèles, par exemple l'interdit fait aux épouses de Mohamed de se remarier après lui, ou encore la recommandation faite à ceux qui mangent à la table du Prophète de ne pas regarder le contenu de leurs assiettes – évoquée dans le même verset. Dans le verset 17 de la sourate 19, le hijab est associé à la Vierge Marie ; il n'est pas un voile, mais il signifie sa réclusion pour mieux se consacrer à l'Adoration. Dans le verset 46 de la sourate 7, le hijab sépare les habitants du Paradis et ceux de l'Enfer, non pas ici-bas, mais dans l'au-delà. Dans le verset 45 de la sourate 17, il est la barrière qui s'interpose entre le Prophète révélant le Coran et les non-croyants. Dans le verset 32 de la sourate 38, il est l'obscurité qui a empêché le prophète Salomon de voir les chevaux. Dans le verset 5 de la sourate 41, il est l'ignorance et l'indifférence que manifestent les Koreichites envers le Prophète. Et dans le verset 51 de la sourate 42, il est la barrière entre Allah et l'homme qui s'adresse à Lui.

On peut, par la force, contraindre une femme à se prostituer. Peut-on, par la force, la contraindre à vivre pure et sans péchés ? Peut-on, par la force, serait-ce la force de fatwas, contraindre un peuple entier à vivre sans péchés ? Allah ne l'a pas demandé, mais nos autorités s'y essaient depuis vingt ans ; le résultat est fort peu probant. Ils disent que c'est cela, la charia. Des lois que les tribunaux se chargent de faire respecter. Or, même nos tribunaux dénaturent l'islam en prétendant protéger la parole d'Allah : Allah n'a nulle part dit que la défense n'avait pas droit à la parole. Pourtant, dans nos tribunaux, ce droit n'existe pas ; faut-il leur rappeler que notre Prophète s'était lui-même érigé en avocat de la défense quand un homme, un pécheur qui avait reconnu son crime, s'était présenté à Lui ? Allah n'a nulle part dit, non plus, qu'une femme portant tels ou tels habits doit être fouettée. J'avais posé cette question dans un grand journal égyptien, *Al-Ahram*, auquel j'avais accordé un entretien ; un lecteur m'a répondu que, pour l'islam, une femme qui sort parfumée de chez elle doit être jugée comme une femme adultère ; et qu'une femme qui se pare est pire encore que la femme parfumée. Or, la femme adultère mérite la lapidation. Soit. Dans ce cas, pourquoi vouliez-vous me fouetter ? N'aurais-je pas plutôt mérité la lapidation parce que j'ai porté un pantalon ? D'autant que je suis veuve, circonstance aggravante au regard de la loi religieuse !

Non, ce n'est pas cela la religion. La religion n'est pas les textes qu'ils ont inventés, ni les règles de morale publique qu'ils ont tirées de ces textes. La religion, c'est la relation entre l'homme et son Dieu, dans laquelle n'intervient aucune tierce partie. Le leader sudiste John Garang avait eu une phrase sublime quand il avait clamé que l'Etat ne peut pas avoir de religion ; ce sont, a-t-il ajouté, les individus qui ont une religion et qui prient. L'Etat, lui, ne se rend ni à l'église ni à la mosquée…

Je suis musulmane, et ma relation avec mon Dieu n'appartient qu'à moi. Même le port du hijab, qu'ils ont décrété être un ordre divin, est une affaire entre Dieu et moi. Je respecte les règles d'Allah, et je respecte toutes les croyances : dans le Soudan où j'ai grandi, monothéisme et polythéisme, adorateurs d'Allah, de Yahvé, de la vache ou du soleil, se sont côtoyés, se sont respectés, pendant des siècles. Pour le reste, ma foi est une question personnelle. Elle ne regarde que mon Dieu, avec qui je préfère communiquer directement.

Quant à mon pays, je reste persuadée qu'il est actuellement dans une phase de transition entre l'ordre ancien, celui des traditions, et un nouvel ordre qui s'imposera de lui-même, non par la coercition mais en raison des contraintes de la vie moderne. D'autres sociétés ont traversé cette phase avant nous, d'autres la traverseront après nous. De telles transitions ne se réalisent pas sans secousses, et celles-ci sont parfois brutales. Nous ne vivons plus comme il y a cinquante ans, ni comme dans cinquante ans. J'étais enfant quand les Soudanaises mariées ont commencé à travailler, il se trouvait toujours à la maison une tante ou une grand-mère pour garder les enfants ; les confier à une nounou, à une étrangère, était impensable. Aujourd'hui, des grands-mères travaillent, des grands-mères préparent des doctorats. Les Soudanaises qui ont des enfants et qui choisissent de continuer à exercer un emploi (elles ne sont pas nombreuses, mais elles existent d'autant plus qu'un second salaire est le bienvenu au foyer) n'aiment toujours pas les confier à une nounou. Pourtant quand il n'existe pas d'alternative, elles font venir la nounou. La réalité économique a triomphé des idéologies.

Ce fut d'ailleurs le cas au début des années 1990, quand le gouvernement islamiste d'Omar al-Bachir se mit en tête de ramener les femmes à la maison – sauf celles qui exerçaient des métiers « agréés », les institutrices ou les infirmières par exemple. Les femmes du peuple, les vendeuses de thé ou de café, n'ont eu d'autre choix que de dire non et de se battre pour nourrir leurs enfants. Aujourd'hui encore, elles sont tous les jours arrêtées, elles sont tous les jours condamnées, fouettées et emprisonnées, mais elles continuent de dire non. Pas vraiment par choix. Par nécessité. Pour manger. N'oublions pas non plus la vigoureuse opposition des islamistes soudanais, dans les années 1960, au nom de la religion, à la participation des femmes à la vie politique. Depuis, les femmes ont eu le droit de vote, et aux élections parlementaires de 2010, notre gouvernement islamiste leur réserve 25 % des sièges. « Il n'y a aucun obstacle religieux à cela », a même doctement assuré le chef politique du mouvement intégriste Ansar al-Sunna au Soudan.

Suis-je différente des autres ? Je suis le produit de la même société. Toutefois ne faut-il pas des révolutionnaires pour changer les choses ? Je me suis ouverte au monde par mon travail, par ma volonté. Beaucoup m'ont soutenue, des hommes et des femmes qui partagent mes idées, mais beaucoup m'ont critiquée. J'ai osé, et j'ose croire que j'ai ouvert une brèche. Je l'ai ouverte quand, après mon procès, quatre jeunes filles arrêtées pour port de pantalon au cours d'une sortie champêtre sur l'île de Tutti, aux environs de Khartoum, ont choisi de ne pas se taire : elles ont osé inviter leurs proches à assister à leur procès, à leur condamnation. Et elles ont été innocentées par le juge, elles sont sorties la tête haute du tribunal, sans subir ni le fouet ni une amende. Je suis fière de les avoir encouragées à affronter le jugement et la société. Car ni Allah, ni l'Amérique, ni la France, ni le monde entier ne pourront nous aider à changer si nous n'avons pas la volonté de le faire nous-mêmes. C'est par nos propres forces que nous réussirons.

Qu'adviendra-t-il si cent Saoudiennes, pour lesquelles la conduite d'une voiture est interdite dans leur pays, brisent de concert cet interdit, se mettent au volant comme elles le font à Londres ou à Beyrouth, et manifestent en cortège dans les rues de Jeddah ou de Riyad ? Seront-elles emprisonnées ? Fouettées ? Je ne le pense pas, mais qu'importe. Seuls de tels électrochocs peuvent produire des changements.

8

40 coups de fouet pour un pantalon

Je suis sortie comme un automate du commissariat de police où je venais d'être interrogée par celui-là même qui avait procédé à mon arrestation au Oum Kalthoum, pour port de pantalon. Nous étions un mardi, j'avais été arrêtée le vendredi soir.

Mon premier appel fut pour la mission locale de l'Onu où j'étais employée ; j'ai posé une journée de congé. Ma détermination était telle que je n'avais même plus besoin de réfléchir. Je me suis directement rendue dans une imprimerie. J'ai demandé un crayon, un papier et, d'une traite, j'ai rédigé mes invitations :

Au nom de Dieu le Miséricordieux,

Invitation publique

La journaliste Lubna Ahmed al-Hussein (« Paroles d'hommes ») vous invite à assister à son procès et à sa flagellation, sous l'article 152 du code pénal soudanais de 1991, pour avoir heurté la sensibilité publique.

Lieu : Tribunal de l'ordre public.

Date : ? juillet 2009.

J'ai accolé le titre de ma chronique quotidienne à mon nom pour ne laisser place à aucune confusion, remplacé la date par un point d'interrogation puisqu'elle ne m'avait pas été notifiée, ajouté mon numéro de téléphone portable. J'ai tendu le papier à l'imprimeur, je lui ai demandé quatre cents cartons d'invitation. Des cartons de la meilleure qualité, celle qui est utilisée pour les faire-part de mariage. Il a lu le texte, m'a souri :

— Je vous en offre cent de plus.

Je suis ressortie de l'imprimerie, mes cinq cents cartons et autant d'enveloppes, de belles enveloppes festonnées, sous le bras. Il était 14 heures, j'avais largement le temps d'entamer ma tournée.

J'avais d'abord songé à envoyer mes invitations par SMS, mais j'avais tout de suite balayé cette idée : mes cartons avaient autrement plus d'allure que trois lignes s'inscrivant sur un téléphone portable. Quant à l'option d'un article publié dans un journal, elle était exclue d'office : d'un trait de plume, la censure l'aurait biffé.

J'ai commencé par les quotidiens et quelques magazines généralistes – qui sont un peu moins surveillés par les censeurs. Mon rituel a été immuable :

dans chaque rédaction, j'ai remis un carton au directeur en lui racontant rapidement mon histoire, j'en ai épinglé un autre, destiné à tous les journalistes et employés, sur le panneau d'affichage réservé aux tracts et aux autres informations importantes. Puis je me suis rendue dans les principaux ministères. J'étais en pantalon. Est-ce ma démarche déterminée, mon allure sans concessions, ou bien ma carte d'employée de l'Onu qui m'ont permis de forcer les portes, de franchir, sans même avoir à négocier, le barrage des préposés à la garde des mœurs soudanaises ? Ils ont peut-être supposé que j'étais un haut personnage de l'Etat, ou la fille d'un dirigeant, aucun d'entre eux ne m'a arrêtée. Dans chacun de ces ministères, je me suis rendue dans le bureau du ministre, j'ai remis un carton au responsable du bureau. J'ai été jusqu'au palais de justice, et même à la présidence de la République où j'ai donné deux cartons, l'un destiné à Omar al-Bachir, l'autre à son conseiller de presse. A chaque halte, j'ai tendu mon enveloppe, semblable à une invitation de mariage, j'ai lu la stupéfaction sur le visage de celui qui l'ouvrait, puis j'ai brièvement raconté mon histoire.

J'ai fait de même avec les correspondants des principales chaînes télévisées arabes, puis je suis retournée chez moi et je me suis installée devant mon ordinateur. La deuxième étape de ma tournée pouvait démarrer. J'ai scanné l'invitation, ainsi que la page 200 du code pénal soudanais où figure l'article 152 qui punit « les actes contraires à la morale publique », je les ai envoyés, par mail, à tous mes contacts. Et j'ai repris ma voiture, poursuivant ma tournée. Dans deux rédactions, j'ai été interviewée et photographiée : je portais les mêmes vêtements qu'au jour de mon arrestation. Le lendemain, les articles avaient évidemment été censurés. Ne plaisantant qu'à moitié, le rédacteur en chef de l'un des journaux censurés me dit qu'il lui aurait certainement été plus facile de publier la photo de Luis Ocampo, le procureur de la Cour pénale internationale qui avait inculpé quelques mois plus tôt Omar al-Bachir, et personnage honni du régime.

La soirée n'était pas encore achevée qu'un site internet soudanais fort réputé, sudaneseonline.com, avait bouclé son enquête et publié un premier article. Celui-ci fut consulté des milliers de fois en moins de deux heures ; c'est ainsi que mon histoire a commencé à se savoir. Dans la foulée, le Réseau arabe d'information sur les Droits de l'homme (AHNRI) a publié, sur son site internet, en anglais et en arabe, un communiqué dénonçant mon arrestation.

Je me suis couchée très tard, cette nuit-là. Et j'ai été réveillée très tôt par mon téléphone : la BBC, la radio britannique en langue arabe, me proposait une interview. J'avais été journaliste dans la presse écrite, je m'étais familiarisée avec différents modes d'écriture et de communication du fait de mes fonctions à l'Onu, mais là, ce fut ma première intervention sur les ondes, en direct. Depuis, je me suis familiarisée avec l'univers de l'audiovisuel, les méandres des duplex, des directs, des « live », j'ai appris à délivrer la totalité de mon message en fonction du temps imparti : deux, cinq ou dix minutes. Je garde un souvenir cuisant de mon premier débat télévisé, où j'étais en studio, depuis Khartoum, avec un représentant du gouvernement coutumier de cet exercice. Avant que nous ne passions sur les ondes, il m'avait cuisinée, sortie de mes gonds ; je n'ai pas été brillante, ce jour-là. J'ai retenu la leçon.

Mes interventions dans les médias sont rapidement devenues quotidiennes. Dans un premier temps, ce sont les médias arabes qui s'intéressèrent à moi : on m'appelait du Liban, d'Egypte, du Qatar, de Jordanie, j'accordais des entretiens, je participais à des débats, à des forums. Puis la presse internationale s'est manifestée – ma première interview, traduite simultanément en anglais et en français, fut pour une télévision française, France 24. Et j'assistais en même temps à une mobilisation internationale, celle des opinions publiques mais aussi celle des dirigeants, ministres, chefs d'Etat, jusqu'au secrétaire général de l'Onu, Ban ki Moon, qui lancèrent des appels et des initiatives soutenant, au-delà de ma personne, mon combat pour la femme au Soudan.

Je ne m'attendais sincèrement pas à un tel déluge médiatique. Le jour où j'ai effectué ma double tournée des médias, en voiture et sur internet, mes rêves les plus fous ne dépassaient pas l'une ou l'autre des chaînes satellitaires arabes. Qui donc pouvait s'intéresser à l'histoire absurde d'une Soudanaise condamnée à quarante coups de fouet parce qu'elle avait porté un pantalon ? Je ne peux m'empêcher, aussi étrange que cela puisse sembler, d'en savoir gré aux autorités de mon pays qui, par leur laxisme ou par leur manque d'intérêt, parce qu'elles ont laissé traîner les choses, m'ont pleinement accordé le temps de parler, de raconter mon histoire, l'histoire des femmes de mon pays, d'alerter le monde entier. Elles auraient pu, quand les médias arabes se sont agités, prendre les devants pour régler rapidement ce qui est devenu « l'affaire Lubna al-Hussein ». Mais elles se sont obstinées, elles ont foncé droit dans le mur, elles m'ont offert la Terre sur un plateau d'argent.

Car le procès, auquel j'avais convié la presse, mes proches, mes amis, des inconnus, ne se présentait toujours pas. Que de maladresses ont, entre-temps, été commises par l'Etat ! Faut-il toutes les raconter ? Il y eut ainsi cet appel du président de la Fédération des journalistes soudanais, un organisme inféodé aux autorités politiques :

— Lubna, pourquoi ne m'avez-vous pas appelé dès que vous avez été arrêtée ?

— Cela aurait été mon souhait le plus cher, mais mon téléphone n'était plus avec moi. J'étais arrêtée, donc la police l'a forcément confisqué…, lui répondis-je sur le même ton sirupeux.

— Mais pourquoi n'êtes-vous pas venue me raconter votre histoire ? Je l'ai apprise par la radio !

— Je suis venue à la Fédération, j'ai rencontré un responsable et je lui ai remis une invitation à mon procès qui vous était destinée. Ne vous est-elle donc pas parvenue ?

Notre ping-pong hypocrite s'est poursuivi. Il me demanda l'autorisation d'intervenir en ma faveur auprès des autorités.

— Vous n'avez pas besoin de cette autorisation. Vous êtes le président d'une Fédération à laquelle je suis affiliée, vous en avez le droit. Néanmoins je ne souhaite pas être au-dessus de la loi.

Quelques jours plus tard, le même m'a rappelée pour me proposer un marché :

— Si vous vous engagez par écrit à ne plus porter de pantalon, je fais annuler votre condamnation.

Cette fois, je lui ai répliqué sèchement :

— Je continuerai à porter des pantalons, et je ne veux pas que ma condamnation soit annulée.

Il y eut ensuite des rumeurs d'une grâce présidentielle que je n'ai jamais vue venir. Perplexe, mon avocat a demandé à consulter mon dossier. L'accès ne lui en a pas été interdit, toutefois… il n'y a pas eu accès. Mon dossier s'est égaré entre les différentes administrations, lui dit-on.

Nous étions à la mi-juillet, je ne savais toujours rien quant à la date du procès. La mobilisation autour de moi ne faiblissait pas. A l'intérieur des frontières soudanaises où la presse est muselée, les journalistes ont multiplié les coups d'éclat. Le 14 juillet, une journée de solidarité était organisée par un quotidien d'opposition, *Ajrass al-Hurriya*, « Les Cloches de la Liberté » qui réussit à en parler dans un article, tourné de telle sorte que la censure n'y vit que du feu. Représentants de la presse, des associations civiles, des avocats, des partis politiques de l'opposition ont répondu à l'appel et soutenu l'association qui s'est créée ce jour-là, « Non à l'oppression des femmes ». J'étais parmi eux, bouleversée de leur soutien, quand l'oncle de mon amie Hanadi, qui s'était porté garant de ma personne après mon arrestation, m'a appelée : j'étais convoquée sur-le-champ au commissariat de police pour un nouvel interrogatoire. J'ai demandé quelques heures de délai, informé les présents ; la majorité choisit de m'accompagner à cette convocation. Le temps, pour moi, d'accorder un entretien, un de plus, à une chaîne télévisée arabe.

Un spectacle douloureux nous attendait devant le commissariat : un camion de police déversait sa cargaison de vendeuses de thé, ce métier traditionnel, curieusement interdit mais tellement populaire. Les femmes en thob en descendaient l'une derrière l'autre, tristement résignées au sort qui les attendait : le fouet, une amende ou la prison, voire les trois sanctions à la fois. Celles qui avaient des nourrissons les tenaient serrés contre elles ; les autres s'inquiétaient probablement de leurs enfants restés à la maison, qu'elles ne pouvaient informer de leur sort.

Notre manifestation a été dispersée, sous prétexte qu'elle n'était pas autorisée, je suis rentrée seule au commissariat. J'ai réclamé la présence de mon avocat :

— Les avocats sont interdits ici, on va juste vous poser quelques questions.

Un policier m'a interrogée sur mon pantalon. Les mêmes questions, déjà mille fois posées. Puis un nouveau sujet a été mis sur la table : mon chemisier.

— Votre chemisier était transparent.

— Je portais quelque chose dessous.

— Que portiez-vous dessous ?

Je suis tombée des nues. Dans n'importe quel autre pays, cette question aurait été considérée comme frisant le harcèlement sexuel. De toute évidence, il n'en était pas ainsi au pays de leur charia. Et je n'étais pas au bout de mes surprises, puisque le policier se mit en tête de me convaincre que, lors de mon arrestation, je fumais la chicha. Ma patience touchait à ses limites :

— Mon ami, je ne fume pas la chicha, et si j'en fumais, ce serait sur une chaise que j'installerais sur le pas de ma porte. J'habite sur la rue qu'emprunte le Président quand il se déplace de sa demeure au palais présidentiel. Par ailleurs, si fumer la chicha est illégal, pourquoi accordez-vous des autorisations aux cafés et aux restaurants ? Et pourquoi n'est-ce pas illégal pour les hommes ?

Je n'ai évidemment reçu aucune réponse à mon avalanche de questions. En revanche, le policier évoqua une possibilité d'« étouffer l'affaire ». J'étais lasse de ces discussions :

— Quelqu'un aurait mérité, mieux que moi, que son affaire soit « étouffée » : la gamine de seize ans, la petite chrétienne arrêtée le même soir que moi et qui, elle, a déjà été fouettée et condamnée à une amende de surcroît.

Je suis sortie de là sans en savoir plus sur la date de mon procès. Je me levai quand le policier m'interpella une dernière fois, s'étonnant que je persiste à me vêtir de cette « tenue scandaleuse », celle que je portais au moment de mon arrestation.

— Une personne interpellée n'est déclarée coupable qu'à l'issue de son jugement. Mes habits aussi ne seront coupables que lorsque le jugement sera prononcé, lui ai-je lancé en m'en allant.

Ce même jour, Omar al-Bachir rencontrait le président égyptien Hosni Moubarak au Caire. La presse rapporta que mon cas avait été évoqué, Moubarak faisant remarquer à son homologue que le Soudan aurait pu se passer de cette nouvelle publicité et que, de toute façon, les femmes se promènent en pantalons en Egypte. L'éventualité d'une grâce présidentielle accordée à « des personnes ayant récemment fait l'objet de poursuites pour des affaires de mœurs » revint sur le devant de la scène ; un ancien camarade d'université, proche de la présidence et de la famille d'Al-Bachir, me la confirma. Quelle faute avais-je donc commise pour avoir à bénéficier d'une grâce ? Qu'en est-il des milliers de femmes qui ont commis la même « faute », des milliers d'autres qui la commettront ? Qu'en est-il de mes dix compagnes d'infortune qui ont été prestement jugées, condamnées, et fouettées ? Des journalistes m'interrogèrent au sujet de cette grâce présidentielle. Je leur dis qu'elle n'était pas la bienvenue. D'une part, parce que je n'étais qu'accusée, pas encore coupable en l'absence de jugement. D'autre part, parce que je trouvais ridicule que le Président, certainement occupé à régler les problèmes vitaux que connaît mon pays, prenne une mesure aussi solennelle pour un pantalon. Après tout, je n'avais pas porté les armes, ni n'avais été inculpée pour complot contre l'Etat ! Enfin, j'ajoutai que d'autres femmes, emprisonnées dans des conditions épouvantables, méritaient certainement mieux que moi la clémence de notre Président.

Dans les jours qui suivirent, les journaux ont prétendu qu'un millier de femmes ont effectivement été libérées des geôles soudanaises. Et les jours suivant, la presse officielle s'est déchaînée contre moi : à longueur d'articles, elle a rappelé la loi, elle m'a taxée de hors-la-loi. Cette campagne gagna même les mosquées.

Le premier prêche consacré à mon pantalon, ou plus exactement au « port du pantalon par une journaliste dévergondée », a été tenu le 17 juillet, un vendredi, simultanément dans plusieurs mosquées. Je n'ai pas entendu le prêche mais, après l'heure de la prière, j'ai été intriguée par la présence, devant ma maison, de trois hommes, trois islamistes portant la djellaba blanche salafiste qui s'arrête à mi-mollet et la longue barbe désordonnée. Ils se parlaient en montrant ma maison du doigt, leur manège a duré un quart d'heure, puis ils sont partis. Leur présence ne pouvait pas m'échapper : j'habite un quartier de bureaux, désert le vendredi, jour de repos hebdomadaire. Mais je l'aurais oubliée si le prêche ne m'avait été rapporté. Trois jours plus tard, un lundi, je suis sortie tôt le matin pour effectuer quelques achats. A mon retour, un homme sur une vieille motocyclette sans plaque d'immatriculation était arrêté au milieu de la chaussée. Il me fixait. Je l'ai fixé. Ce dialogue silencieux a duré quelques minutes, puis il a démarré, il s'est approché de moi, m'a glissé : « Je suis un admirateur. » Et il est parti. Je n'ai pas compris la teneur du message et je n'ai pas porté plainte, car je n'avais aucun élément pour le faire. Le gardien d'un immeuble voisin, témoin de la scène, me dit qu'il connaissait cet homme, que celui-ci appartenait aux forces de l'ordre soudanaises.

J'ai été beaucoup plus inquiète quelques jours plus tard quand, montant dans ma voiture pour rejoindre la mission de l'Onu où je travaillais, un motard s'est approché et m'a lancé par la fenêtre, dans un langage très populaire : « Mon amie, quand tu seras au tribunal, souviens-toi du destin de Marwa. » J'ai mis quelques minutes à associer cette menace à l'Egyptienne Marwa Cherbini qui venait d'être poignardée à mort, le 1er juillet 2009, en plein tribunal de Dresde, en Allemagne, où elle portait plainte pour insultes racistes. A la mission, les responsables de la sécurité auxquels j'ai raconté l'incident m'ont escortée au commissariat, j'ai porté plainte sous un portrait d'Omar al-Bachir, le policier n'a pas manqué de m'interroger sur le tollé que j'avais suscité. Je n'ai plus eu aucune nouvelle de cette plainte mais, à partir de ce moment, j'ai évité de dormir plus de deux nuits de suite au même endroit : j'ai été chez ma mère, chez des amies, chez des parents, je les ai aussi invités chez moi. On m'avait conseillée de ne pas ébruiter cette affaire, pour des raisons de sécurité. Je me suis effectivement tue.

Il était 15 heures, le 28 juillet, quand mon téléphone a sonné. On m'informait que mon procès se tiendrait le lendemain, à 10 heures, dans un tribunal du centre de Khartoum – qui n'était pas celui où se tiennent habituellement les procès pour atteinte à l'ordre public. Il me restait donc moins de dix-neuf heures pour me préparer. Le choix de ce tribunal me convenait : il est bien desservi par les transports publics, et je ne crois vraiment pas que les autorités aient été attentives à ce fait en le désignant pour m'accueillir. Cette fois, c'est par téléphone et par mails que j'ai alerté mes contacts, leur fixant le lieu et l'heure du rendez-vous que nous attendions depuis presque un mois.

Je pense que j'ai fait du bon travail, si j'en juge par l'affluence au tribunal. Je suis arrivée peu avant la séance, la salle débordait, beaucoup n'y ont pas eu accès, faute de places. Les ambassadeurs étrangers étaient déjà présents, dont le délégué de l'Union européenne, les correspondants de la presse locale et internationale, des représentants des partis d'opposition, des associations civiles, et même de l'Union des femmes, un organisme proche du gouvernement. Le juge commença par lire d'acte d'accusation ; une chicha trônait dans la salle, présentée comme élément de preuve d'un crime supplémentaire que j'aurais commis. Je me permis de rappeler que, ce fameux soir, une seule femme avait été arrêtée pour avoir fumé la chicha, elle avait été jugée et fouettée. Comment une seconde coupable pouvait-elle émerger, un mois plus tard ? Il ne s'étendit pas sur la question, et je n'ai plus entendu parler de chicha.

L'avocat de la mission de l'Onu a été le premier à prendre la parole, rappelant que je bénéficiais d'une immunité en vertu de l'accord de 2005 entre les Nations unies et le Soudan. Le procureur lui répliqua que cet accord ne s'applique pas à mon cas. Une déclaration aussi surréaliste que celle du ministre de la Justice qui, peu auparavant, interrogé par une télévision arabe, affirmait sans ciller que les Soudanaises ne sont pas fouettées à cause de leurs habits. Je manquai m'étrangler devant tant de mauvaise foi. Enfin, l'avocat choisi par mon comité de défense exprima mon point de vue : je ne voulais pas bénéficier d'une immunité, que celle-ci figure ou non dans les textes.

Après avoir écouté les trois hommes, le juge ordonna une suspension de séance. Tout le monde sortit évidemment de la salle, à l'exception de trois hauts gradés de la police qui assistaient au procès. Je les ai regardés droit dans les yeux. Je savais déjà que je commençais à triompher :

— La suspension de séance s'applique aussi à l'accusation. Pourquoi ne sortez-vous pas ?

Ils se sont levés, je les ai suivis.

A la reprise de la séance, nous fûmes tous stupéfaits quand le juge annonça qu'il allait me consulter :

— Souhaites-tu conserver ton immunité, l'accusation tombera alors, ou bien préfères-tu que le procès se poursuive ?

Je ne pris pas la peine de réfléchir avant de lui répondre :

— Je respecte l'accord conclu entre le Soudan, dont je suis une citoyenne, et l'Onu, dont je suis employée. Or, cet accord ne permet pas que je sois jugée. C'est pourquoi je démissionnerai pour que le procès se poursuive.

Je me souviens du brouhaha qui a envahi la salle, de la voix de l'un de mes défenseurs qui s'est élevée au-dessus de la rumeur pour interpeller le juge :

— Depuis quand un juge consulte-t-il un accusé pour savoir s'il veut être jugé ? On vous demande d'appliquer la loi, rien que la loi, et quoi qu'en dise l'accusé.

Le juge fit mine de ne rien entendre. Une nouvelle audience fut fixée au 4 août.

A la porte du tribunal, il restait des traces des échauffourées qui avaient opposé la police à des photographes. Certains avaient été battus, d'autres arrêtés, et des vidéos de ces incidents ont été aussitôt envoyées sur internet par des témoins, alimentant encore plus « l'affaire Lubna al-Hussein ». Je riais en douce : les autorités ne se seraient-elles pas révélées plus sagaces en laissant ces photographes immortaliser quelques ambassadeurs et des journalistes sur le parvis du tribunal ? Mais j'étais surtout occupée à récupérer mon accréditation de l'Onu que j'avais laissée chez le greffier, en guise de pièce d'identité. Celui-ci, me dit-on, était parti la photocopier. Il n'est étrangement pas revenu, et je me suis résolue à quitter le tribunal sans l'accréditation.

Le temps me pressait de regagner la mission de l'Onu. Sans m'arrêter à mon bureau, j'ai poussé la porte de mon supérieur hiérarchique et présenté ma démission. Il me proposa de rester en poste et de demander la levée de mon immunité.

— Pour moi, il ne s'agit plus d'un simple procès, mais d'un combat contre une loi. Ma totale liberté de parole me sera indispensable. Je dois démissionner pour ne pas m'aliéner, ni aliéner l'Onu.

Je n'avais plus qu'une seule idée en tête : cette bataille. J'ai voulu que ma démission soit à effet immédiat, elle le fut dès le lendemain, quand je réussis à récupérer l'accréditation. Désormais, je pouvais consacrer mon énergie à me battre.

La présence des ambassadeurs occidentaux au tribunal a entraîné une avalanche de demandes d'entretiens, plusieurs correspondants de grands journaux se sont déplacés jusqu'à Khartoum pour me rencontrer. J'avais fait du Oum Kalthoum mon quartier général où défilèrent, entre autres, les journalistes du *Washington Post*, du *Guardian*, du *New York Times*, du *Daily Telegraph*. J'avais crié, j'avais voulu que mon cri soit entendu dans le monde entier, mais honnêtement, je ne pensais pas que le monde entier m'entendrait. J'avais réussi, au-delà de toutes mes espérances, à attirer l'attention sur la réalité soudanaise. Mon téléphone sonnait sans arrêt, je ne savais plus si je parlais à la Chine, à la France, à l'Italie, à l'Allemagne ou aux Pays-Bas, à des pays où l'on ne sait peut-être même pas où situer le Soudan sur une carte. Je passais par ailleurs une partie importante de mon temps dans les studios où les télévisions arabes et étrangères m'interrogeaient en direct, ma page sur Facebook explosait, deux sites internet avaient été créés pour me soutenir, iamlubna.com et solidaritywithlubna.com, je prenais des notes de mon histoire. Et j'organisais l'audience du 4 août que je voulais flamboyante.

Nous savions tous que la police aussi s'organisait. Ce 4 août était un mardi, l'audience s'ouvrait à 10 heures. Dès 9 heures, des femmes se sont éparpillées, anonymes, dans les environs du tribunal. Nous étions convenues d'un signal pour le rassemblement : un youyou. Il fut lancé au moment où j'approchais ; en moins d'une minute, pancartes et calicots cernaient le tribunal. Je suis descendue de ma voiture, j'ai lancé moi aussi un youyou, puisque la tradition veut que les youyous se répondent. Dès lors, l'expression s'est imposée : « Le Président danse, l'opposition lance des youyous » – en référence aux apparitions publiques d'Omar al-Bachir qui, surtout depuis sa condamnation par la Cour pénale internationale, met un point d'honneur à danser avec sa canne devant les caméras de télévision, lui qui avait édicté une loi, au début des années 1990, interdisant la danse au Soudan.

La police est évidemment intervenue, dispersant la manifestation à coups de matraque et de gaz lacrymogènes, et interdisant aux manifestantes de s'approcher du tribunal où la même brochette d'ambassadeurs, de journalistes, de représentants de l'opposition et d'associations avait pris place. L'audience fut expéditive : le juge s'est assuré de la présence de toutes les parties, et il a lu un communiqué annonçant que le tribunal devait d'abord vérifier l'authenticité de mon accréditation à l'Onu et qu'il demanderait au ministère des Affaires étrangères de se prononcer sur mon immunité. L'audience suivante fut fixée au 7 septembre, en plein mois de ramadan. Que de temps perdu pour les autorités ! Que de temps gagné pour moi ! D'ailleurs, au sortir du tribunal, je m'adressai à la presse, remerciant chaudement ces autorités qui m'offraient un mois supplémentaire pour poursuivre ma campagne médiatique pour le droit des femmes au Soudan.

En lisant la presse le lendemain, j'ai appris que dans l'enceinte même du tribunal, et au moment où se déroulait mon procès, une femme a subi un châtiment par le fouet. Elle avait été arrêtée sous prétexte que son voile n'était pas assez couvrant ; dans un geste de révolte, elle l'avait arraché et jeté par terre. Son châtiment fut double : quarante coups de fouet pour avoir enfreint l'article 152 du code pénal, soixante coups supplémentaires pour insulte à l'islam. Il n'y avait pas de témoins puisqu'elle avait été arrêtée dans la rue, je n'avais pas son nom, je l'ai cherchée, je ne l'ai jamais retrouvée. Les femmes fouettées continuent malheureusement d'avoir honte. Mais de quoi ont-elles honte ? Elles n'ont commis aucun crime, elles ne sont coupables de rien. C'est ce que je ne cesse désormais de répéter et que je continuerai de répéter jusqu'à ce qu'elles m'entendent.

Le mois d'août a été celui des tractations. Les appels que je recevais de « médiateurs », islamistes et autres proches du gouvernement, oscillaient entre promesses et menaces. En juillet, les mêmes assuraient que mon affaire pouvait être « étouffée » en échange de mon serment de ne plus porter de pantalons. Désormais, les promesses étaient assorties d'une seule condition : que je me taise enfin. Et que je porte ce que je veux ! On m'offrit même, en échange de mon silence, un vaste terrain agricole sur le Nil où je pourrais exercer mes talents d'agronome. J'ai évidemment refusé :

— Je n'ai besoin de rien, je n'ai pas peur, je réclame simplement mes droits. Je ne me tairai pas, et vous n'enterrerez pas le dossier.

On m'a menacée de confisquer mes biens et ma maison. Ma mère a reçu également des menaces lui annonçant ma liquidation prochaine. J'étais inquiète, constamment sur le qui-vive, ne restant jamais seule, ni trop longtemps dans un même lieu. Dans un entretien accordé à un journal local, le directeur de la police a fourni les détails de mon arrestation. Des détails inédits ! Ce soir-là, dit-il, j'étais vêtue d'un pantalon moulant et d'un chemisier court et transparent, et je me trouvais dans un restaurant où une femme fumait la chicha. Je n'ai pas pris la peine de relever ces élucubrations, ni de lui répondre. Pourtant, l'envie ne me manquait pas de lui rappeler que, dans une tribu soudanaise du nord du pays, les femmes fument la chicha comme d'autres boivent du thé, même en présence de leur père.

Ce mois d'août a aussi été émaillé de « victoires » de la police de l'ordre public, bruyamment relayées par les médias inféodés au pouvoir. Dans un café de Khartoum, des adolescentes ont été arrêtées : elles avaient téléchargé, sur leurs téléphones portables, des scènes d'un feuilleton turc à grand succès, *Nour et Mohannad*, dans lesquelles les deux héros échangeaient un doux baiser. Leurs téléphones ont été confisqués, chacune a reçu quarante coups de fouet. Pantalons et voiles translucides ont été impitoyablement traqués et pourchassés. Le comité de soutien qui s'était formé autour de moi arracha, lui aussi, une victoire. C'était dans la deuxième quinzaine d'août, au début du mois de ramadan. Une trentaine de vendeuses de rue ont été interpellées sous le prétexte qu'elles vendaient de la nourriture en plein jour, donc en pleine période de jeûne. Peut-être étaient-elles des chrétiennes qui vendaient à des chrétiennes, en tout cas personne ne mangeait autour d'elles, mais la police ne voulut rien entendre. Mon comité de soutien a mis en avant le fait que les palaces, les cafés et restaurants des grands centres commerciaux continuent, aux mêmes horaires, non seulement de vendre, mais aussi de servir boissons et nourritures à leurs clients. Pourquoi ces malheureuses ne pouvaient-elles se livrer, elles aussi, à ce commerce, visiblement autorisé ? Le préfet a ordonné leur relaxe et leur a permis de regagner leurs échoppes ambulantes. Mon comité encouragea par ailleurs les femmes arrêtées et condamnées à ne plus se taire.

Des journées de solidarité ont continué à être organisées. L'une d'elles a eu pour théâtre le siège d'un parti politique, le Mouvement Populaire, dont le chef du groupe parlementaire, Yasser Arman, venait d'être agressé : son arrestation avait été réclamée parce qu'il s'était solidarisé avec moi et avait dénoncé les arrestations injustifiées de femmes par la police ; des rumeurs circulaient selon lesquelles son immunité parlementaire serait levée d'un jour à l'autre. Quand j'ai pris la parole, j'ai demandé à être jugée sous le même chef d'inculpation ; mon immunité avait déjà été levée du fait de ma démission et, de toute façon, je n'avais rien à perdre puisque j'étais désormais chômeuse. Ce jour-là, tous les partis d'opposition étaient présents. Pour ajouter au panache de la réunion, un bûcher fut allumé, et des fouets brûlés.

Pour ma part, je ne pouvais pas quitter le Soudan. Je l'avais appris à l'aéroport de Khartoum, au moment d'embarquer pour Beyrouth où j'étais invitée, par une chaîne de télévision arabe, à participer à un grand débat sur le rôle et la place de la femme dans la société arabe. Mon intervention n'allait pas excéder la dizaine de minutes, j'avais néanmoins accepté, espérant ainsi sortir, ne serait-ce que pour trois ou quatre jours, du huis clos étouffant dans lequel j'étais enfermée depuis presque deux mois. Cependant, quand je me suis présentée au guichet d'obtention des visas de sortie, une formalité obligatoire pour tous les voyageurs en partance du pays, le préposé s'est arrêté devant mon passeport, il a hésité, il a procédé à des vérifications sur son ordinateur, puis il m'a demandé :

— Vous êtes bien Lubna al-Hussein ? La journaliste ?

J'ai été conduite dans les bureaux de la police des frontières. Mon passeport a été photocopié page par page avant que ne me soit signifiée mon interdiction de sortie du territoire. J'ai insisté pour obtenir une copie de l'arrêté ; à force de palabres, j'ai juste obtenu le droit de le regarder. C'étaient trois lignes, agrémentées d'une magistrale faute d'orthographe. Elles n'étaient pas signées d'un juge, mais du chef de la police de l'ordre public stipulant que je ne pouvais pas voyager, étant inculpée sous le coup de l'article 152 du code pénal pour avoir accompli « des actes scandaleux ». Autrement dit, la partie adverse à mon procès m'interdisait de quitter le pays. Le scandale était-il mon pantalon, ou bien cet arrêté, assorti de sa faute d'orthographe qu'un gamin de l'école primaire n'aurait pas commise ?

J'ai récupéré mon passeport, je suis rentrée chez moi, je me suis évidemment précipitée sur internet. Il était 5 heures du matin à Khartoum, une heure plus tard, toute la planète était alertée ; la matinée était à peine entamée que j'avais déjà accordé une dizaine d'entretiens à des journaux, des radios, des télévisions. A la fin de la journée, en lieu et place des dix minutes d'intervention sur une chaîne arabe, j'avais totalisé une dizaine d'heures d'interviews dans le monde entier. Quant à mon avocat, il m'a confirmé que les interdictions de voyager sont édictées pour des fautes graves, et que les arrêtés doivent être signés par le juge ou par le ministre de l'Intérieur. En aucun cas par le chef de la police. J'en déduis que le port d'un pantalon au Soudan est un crime tellement grave qu'il se situe au-dessus des lois. De toute façon, je remercie celui qui a promulgué et signé cet arrêté, relançant ainsi l'intérêt du monde pour mon cas et, au-delà de mon cas, pour les femmes du Soudan et pour l'absurdité de certaines lois soudanaises.

Le 7 septembre, je me suis rendue au tribunal, accompagnée d'une large délégation de supporters, ainsi que par des femmes qui entendaient me manifester pacifiquement leur soutien. Plusieurs ambassadeurs occidentaux assistaient à l'audience – les ambassadeurs arabes et africains brillaient, encore une fois, par leur absence, bien que certains m'aient apporté leur soutien par téléphone, en me demandant de ne pas mentionner leur appel dans les médias...

Le juge a ouvert l'audience en lisant la réponse du ministère des Affaires étrangères à la question posée le 4 août. Le ministère a confirmé que je ne jouis pas de l'immunité diplomatique. Je n'ai jamais été diplomate, j'ai bénéficié d'une autre forme d'immunité en tant qu'employée locale de l'Onu, mais celle-ci n'a, de toute évidence, été évoquée ni dans la question du juge, ni dans la réponse du ministère. Je n'ai pas relevé l'incongruité de l'affaire.

Trois témoins ont ensuite défilé à la barre. Tous témoins de l'accusation, tous membres de la police, dont le chef de la brigade qui m'avait arrêtée, qui avait mené les interrogatoires d'enquête puis de contre-enquête, et qui portait cette fois la casquette de témoin. Ils se sont tous allègrement contredits au sujet de la forme et de la couleur de mes vêtements, couleur trop vive selon l'un, vert pomme selon un autre. Ils se mirent d'accord sur un seul point : la couleur de mes sous-vêtements, beiges, d'après eux.

— Ils sont étonnants, ces hommes. Auraient-ils des rayons X à la place des yeux ?

Mon intervention intempestive me valut d'être rabrouée par le juge, je me promis de me taire, mais mon sang n'a fait qu'un tour en entendant le témoin suivant affirmer que, ce soir-là, j'avais le ventre à l'air.

J'étais toute disposée à respecter le tribunal, mais à la condition que celui-ci se montre digne de respect.

— J'aurais bien aimé avoir le ventre à l'air, mais j'ai quelques kilos de trop qui me l'interdisent, répliquai-je sèchement.

Le juge fit mine de ne pas entendre, appela le témoin suivant. Celui-ci insista sur la couleur beige des sous-vêtements, le juge lui demanda d'indiquer un objet de couleur beige dans la salle, il pointa son doigt sur une agrafeuse grise. Assailli d'un doute, mon avocat prit la parole et lui indiqua un chemisier rose :

— Quelle est cette couleur ?

— Turquoise, répondit le témoin.

La scène était irrésistible, je n'ai pu m'empêcher de partir d'un grand éclat de rire. Le juge me rabroua de nouveau, m'intima l'ordre de me taire sous peine de sanctions. Et il revint vers le témoin qui admit ne pas connaître « toutes les couleurs », mais seulement « certaines d'entre elles », dont le vert et le beige. Mon rire a de nouveau explosé, sous le regard courroucé du juge.

Les autres témoignages étaient du même acabit. Risibles à force d'être ridicules. Le premier témoin affirma que ce soir-là, au Oum Kalthoum, il avait vu des hommes et des femmes danser ensemble, ce qui est interdit par la loi.

— Pourquoi n'avez-vous pas arrêté ces hommes qui dansaient ? demanda mon avocat.

— Nous n'avons pas d'ordre pour arrêter les hommes, répliqua benoîtement le témoin.

Je commençais à m'amuser. Mon avocat, lui, était visiblement exaspéré. Il demanda que l'accusation soit abandonnée, tant les témoignages étaient contradictoires ; l'avocat de l'accusation s'y opposa, bien sûr. Le juge leva l'audience pendant une heure. Nous sommes sortis de la salle.

Je comptais mettre cette heure à profit pour discuter avec mon avocat. J'ignorais que, pendant que nous étions en audience, la police s'en était prise aux femmes qui, à la porte du tribunal, me manifestaient leur soutien. Quarante-sept d'entre elles avaient été arrêtées et conduites au commissariat. Un témoin de la scène me raconta les conditions humiliantes dans lesquelles elles avaient été transportées, entassées dans une fourgonnette trop petite dont le chauffeur s'amusait à accélérer puis à freiner brutalement ; certaines, me dit-il, étaient contusionnées à leur arrivée au commissariat. Connaissent-ils, ces policiers, le hadith où, il y a quatorze siècles de cela, le Prophète demande à des caravaniers de bien veiller à transporter les femmes avec douceur, comme si elles étaient des fioles de parfum ? D'autres témoins me dirent que les policiers avaient voulu enfermer ces femmes dans une cellule particulièrement étroite, elles ont protesté, obtenu une cellule un peu plus large dans laquelle elles ont pénétré en entonnant des chants patriotiques et des hymnes à la liberté. Mes yeux se sont brouillés de larmes.

Le commissariat n'est pas très éloigné du tribunal, j'ai décidé de m'y rendre à pied pendant la suspension d'audience, évidemment accompagnée d'une délégation, accompagnée aussi par les caméras, rejointe par des passants qui se joignaient à notre cortège. Bien sûr, nous avons été interdits d'entrée. J'ai inspiré tout l'air que mes poumons pouvaient contenir, j'ai lancé un youyou, le plus retentissant des youyous que j'aie jamais lancés. Les femmes ont entendu mon message, elles m'ont répondu.

Nous sommes tous rapidement retournés au tribunal, à temps pour la reprise de l'audience. J'attendais que le juge appelle à la barre les témoins de la défense. Il prit la parole pour un long monologue d'où il ressortait qu'un équivalent de l'article 152 du code pénal existait autrefois au Soudan, que des articles similaires existent dans les lois de bien d'autres pays, et que, du fait de cette loi, les vêtements féminins ne doivent rien dévoiler au-delà des deux mains et de la face, faute de quoi ce sont des vêtements scandaleux, tombant sous le coup de la loi. Fallait-il donc que je lui raconte la longue et riche tradition vestimentaire de notre pays ? Le rahab des mariées, le thob traditionnel qui tombe lui-même, de ce fait, sous le coup de la loi ? J'ai baissé les bras, j'ai préféré me taire.

Le juge m'a déclarée coupable des faits qui m'étaient reprochés, c'est-à-dire le port d'un pantalon.

— Avez-vous des circonstances atténuantes ? demanda-t-il.

— Nous demandons l'audition des témoins de la défense, répondit mon avocat.

A trois reprises, le juge posa la même question. A trois reprises, l'avocat rendit la même réponse.

Ce dialogue de sourds s'éternisait. Je me suis levée :

— « Non, Votre Honneur, je n'ai aucune circonstance atténuante.

Non, je ne suis ni chrétienne ni mineure, je ne suis pas issue du Sud, et quand bien même l'aurais-je été, j'aurais été condamnée, comme le fut la gamine de seize ans arrêtée le même jour que moi et qui avait été fouettée.

Je n'ai pas été condamnée au fouet, mais à une amende de 500 livres soudanaises, commuée en un mois de prison si je refusais de la payer.

— Votre Honneur, je ne paierai pas l'amende, j'irai en prison.

La veille, au cours d'un iftar, un repas de rupture du jeûne que j'avais organisé dans ma maison de Khartoum, les membres de mon comité de défense avaient passé en revue tous les scénarios envisageables, étudié toutes les possibilités. Il avait été décidé, à l'unanimité, que, si j'étais condamnée à une amende, celle-ci ne serait pas payée.

J'ai attendu la sortie du juge pour interpeller la salle. J'étais encore sous le choc des propos de l'un des témoins. Celui-ci avait affirmé devant la cour, avec une totale assurance, que le soir de l'arrestation au Oum Kalthoum j'étais celle qui portait la tenue la plus scandaleuse.

— Il est curieux que celles qui étaient plus convenablement habillées que moi aient été fouettées et aient payé une amende, alors que je m'en sors avec une simple amende, non ? La loi est suffisamment injuste, autant ne pas rajouter à l'injustice en l'appliquant de manière injuste !

Nul ne m'a répondu. La réponse me fut apportée à la mi-septembre, par de nouvelles menaces : « Ne te réjouis pas trop vite de n'avoir pas été fouettée cette fois. La prochaine fois, nous ferons venir quatre témoins au lieu de trois, et ils jureront t'avoir vue nue dans un lieu privé avec un homme qui a réussi à s'enfuir. Tu seras lapidée. » J'ai pris cette menace très au sérieux. Tout est possible dans un pays où la justice n'autorise pas l'accusé à se défendre…

9

Retour à Oum Dourman

J'ai été évacuée de la salle du tribunal encadrée par deux policiers, et j'ai été enfermée dans une cellule attenante où attendaient deux autres condamnées. Mon téléphone portable ne m'avait pas été retiré, je ne me suis pas privée de l'utiliser, répondant aux appels qui se succédaient, ceux d'amis et ceux de journalistes, souvent étonnés de m'entendre décrocher.

Evidemment, la première question qui m'était posée était celle de savoir pourquoi je refusais de payer l'amende. Ma réponse était très simple. D'une part, j'estimais n'avoir commis aucune faute nécessitant réparation. D'autre part, je protestais ainsi contre ce tribunal qui avait refusé d'entendre les témoins de la défense. Ce qui est d'ailleurs la norme dans ce type de procès : les accusés et ceux qui prétendent venir à leur secours n'ont qu'un seul droit, celui de se taire. A ce titre, j'aurais même été scandalisée de constituer une exception ! En ne dérogeant pas à ses procédures habituelles, en ne se laissant pas impressionner par la brochette d'ambassadeurs, de représentants de la société civile et de défenseurs des Droits de l'homme, soudanais et arabes, de juristes et de correspondants de la presse internationale présents à l'audience, le tribunal avait dévoilé au monde la réalité de notre justice. Et ceux qui avaient assisté à ce procès n'avaient pas manqué de le relever.

Une fois de plus, je me suis confondue en remerciements à l'adresse des autorités. J'ai remercié la cour de m'avoir traitée exactement comme le sont toutes les autres femmes qui comparaissent depuis vingt ans sous ce même chef d'inculpation. Je l'ai remerciée d'avoir alerté le monde, je l'ai aussi remerciée d'avoir alerté les Soudanais eux-mêmes, qui sont souvent dans l'ignorance de la réalité de ce type de procès. Que de familles ont été détruites, que de femmes ont été répudiées parce qu'elles ont comparu, un jour ou l'autre, devant un tribunal de l'ordre public ! Ceux qui ont voulu m'entendre ont pu comprendre que leurs épouses, leurs sœurs, leurs filles, ne sont pas des coupables, mais d'innocentes victimes.

J'ai quitté la cellule avec mes deux compagnes, deux femmes d'affaires de Khartoum, nous avons été embarquées dans une camionnette de la police. Toutes deux s'étaient amusées de me voir si occupée pendant ces quelques heures, elles me racontèrent leur histoire tandis que nous quittions le tribunal. Elles avaient été jugées pour le même chef d'inculpation : l'émission de chèques non provisionnés. La loi soudanaise ne s'embarrasse pas dans ces cas-là : les coupables, hommes ou femmes, sont condamnés à rester en prison jusqu'à ce que soit remboursée la totalité de la somme due, que cela prenne quelques jours ou une dizaine d'années. Avec la dévaluation continue de la livre soudanaise, les plaignants se retrouvent souvent, au bout de quelques années, avec des chiffres à plusieurs zéros certes crédités sur leur compte, mais qui n'ont plus désormais aucune valeur.

Nous n'étions que trois, un bataillon de policiers a cependant été désigné pour nous escorter. Le grand châle vert qui m'avait tenu lieu de voile le jour de mon arrestation, et que j'avais, depuis, revêtu pour la plupart de mes apparitions publiques, en particulier lors des audiences au tribunal, était désormais célèbre. Tout au long du trajet séparant Khartoum d'Oum Dourman, il m'a servi, bien involontairement, de signe de reconnaissance. Dans les embouteillages, il a permis aux piétons et aux automobilistes de deviner que j'étais dans cette camionnette. Je les voyais me faire des signes, tendre leurs mains dans ma direction en formant de leurs doigts le « V » de la victoire. Comment décrire le sentiment de plénitude qui m'envahit alors ? La certitude d'avoir remporté la première bataille, certainement la plus ardue, me faisait oublier mon propre sort. Ces hommes et ces femmes qui s'arrêtaient dans la rue pour me saluer, ces inconnus qui me soutenaient, saluaient et soutenaient toutes les femmes condamnées pour ce que l'on appelle pompeusement au Soudan un « outrage aux mœurs ».

Il était 17 heures quand la camionnette s'est arrêtée devant le grand portail de la prison pour femmes d'Oum Dourman. Que d'énergie avais-je vainement dépensée, quand je tenais ma chronique quotidienne à *Al-Sahafa*, pour pénétrer dans cette prison le temps d'un reportage ! Les autorisations m'avaient été systématiquement refusées ; ma curiosité journalistique allait enfin être assouvie, grâce à un pantalon devenu un dérisoire laissez-passer. Nous sommes descendues de la camionnette ; nous n'étions pas menottées. Les policiers nous ont remises à nos geôlières.

La prison d'Oum Dourman ne ressemble pas vraiment à une prison. Construite à l'époque de la révolution du Mahdi, à la fin du XIXe siècle, elle a conservé sa lourde enceinte de pierre, qui n'est pas aussi haute mais qui est certainement plus épaisse que les murailles des autres prisons. Elle a préservé toutes ses caractéristiques d'antan, à peine quelques bâtiments d'un étage ont été adjoints aux infrastructures historiques. Ces bâtiments encadrent une très large cour : ceux de l'administration se trouvent à l'extrême gauche ; face à la porte, une trentaine de cellules accueille des détenues. Sur la droite, un tiers de la cour est recouvert d'une toiture formant un préau, le hoch, avec lequel je vais bientôt avoir l'occasion de me familiariser.

Le lourd battant s'était à peine refermé derrière nous dans un sordide claquement que les policières commençaient à remplir nos dossiers. Il faisait terriblement chaud en cette fin de journée de jeûne, nous avions toutes la bouche sèche et la peau rongée par le sable du désert. Mon tour tardait à venir, je vis une chaise bancale, je la tirai pour m'asseoir et commençai à passer quelques appels téléphoniques. C'est alors que l'une des geôlières m'interpella :

— Hé toi, la fille en pantalon !

Je fis mine de ne pas comprendre qu'elle s'adressait à moi. J'étais pourtant la seule détenue en pantalon (le pantalon « islamique » des geôlières est recouvert d'une tunique qui arrive à mi-mollets), et mon manège l'exaspéra. Elle reprit, un ton plus haut :

— Hé, toi qui fais semblant de ne pas m'entendre, toi qui es assise sur la chaise ! Tu es une prisonnière, pourquoi es-tu assise ? Lève-toi !

Je me suis lentement retournée vers elle :

— Oui ?

Furieuse de mon attitude, elle m'enjoignit de prendre un seau et de commencer immédiatement à vider la fosse sceptique ouverte à quelques mètres de nous. Je n'ai pas bougé de ma chaise.

— Tu m'as entendue ? hurla-t-elle à mon oreille.

Hors d'elle, trépidant, elle me répéta d'aller vider la fosse sceptique. Cette fois, c'est moi qui étais exaspérée :

— Ecoute-moi bien. J'ai été condamnée à la prison, pas aux travaux forcés.

— Ah, je vois que tu ne nous connais pas encore, répliqua-t-elle sur un ton qui se voulait sarcastique.

— Pas encore, mais je suis venue en prison pour faire votre connaissance, lui dis-je sur le même ton.

— Très bien, je saurai comment te punir.

Mon tour était venu de remplir mon dossier. J'ai répondu aux premières questions, donné mon nom, mon âge, mon adresse, quelques renseignements concernant les membres de ma famille. Puis vint le sujet de ma tribu d'appartenance. Ma réponse était invariable :

— Soudanaise.

La geôlière insista, j'insistai aussi. J'ai demandé à voir le dossier qu'elle remplissait : seule la mention « nationalité » y figurait. Je savais que, depuis quelques années, celle-ci avait remplacé, sur les documents officiels, la mention de la tribu, mais l'usage avait perduré.

— Ma tribu d'appartenance n'est pas demandée, lui ai-je fait remarquer.

— Nous avons l'ordre de la réclamer, me dit-elle.

J'ai quand même refusé de répondre sur ce point, m'en tenant au strict questionnaire officiel. Il se faisait tard, le soleil allait bientôt se coucher marquant le moment de la rupture du jeûne, elle poussa un soupir mais n'insista plus.

Après l'interrogatoire, il y eut la fouille. Une fouille en plein air, loin de toute intimité. Mes deux compagnes sont passées devant moi, les geôlières ont pris un plaisir fou à les humilier, vidant leurs sacs à main et ricanant :

— Tu viens en prison avec ton rouge à lèvres ? dirent-elles à l'une avant de jeter à terre le bâton de rouge et un tube de crème hydratante et de les écraser avec leurs chaussures.

Je n'allais pas tarder à découvrir que les prisonnières avaient créé de petits commerces, probablement avec la complicité des mêmes geôlières, et que l'on pouvait facilement se procurer en prison tout ce dont on pouvait avoir besoin : du thé ou du savon, mais aussi du rouge à lèvres, des crayons pour les yeux, des coussins ou des vêtements. J'ai été fouillée jusqu'à la racine des cheveux et au creux des oreilles. Mon sac, dans lequel j'avais un petit carnet, un crayon, un peu de monnaie et ma carte bancaire, m'a été rendu ; mon téléphone portable a évidemment été confisqué.

J'attendais de connaître ma punition, j'ai très vite compris. En théorie, les prisonnières purgeant de courtes peines sont dirigées vers le hoch collectif où s'entassent tant bien que mal sept cents détenues ; celles dont les peines sont supérieures à un ou deux ans ont droit aux cellules. Dans la pratique, il n'en va pas du tout ainsi : la répartition des détenues s'effectue selon leur couleur de peau, leur « race ». Nous sommes toutes noires, mais les plus noires s'entassent dans le hoch. Etant plutôt couleur café au lait, j'aurais dû, selon cette répugnante logique, bénéficier du confort d'une cellule. Cependant j'ai été dirigée vers le hoch par la préposée au tri, elle-même couleur d'ébène, ce qui rajouta à mon sentiment d'horreur, à mon profond dégoût devant ce qu'il faut bien appeler racisme.

J'ai donc été punie « chez les Noires ». Chez les miennes. Je n'étais pas malheureuse de les rejoindre : au contraire, je me voyais reprendre cette enquête que je n'avais jamais pu mener quand j'étais journaliste. Et j'ai voulu saluer mes sœurs selon la tradition. A peine avais-je posé mon pied dans le préau que je lançai un youyou, brisant ainsi la frontière entre les « anciennes » et la « nouvelle ». Tous les youyous ne se ressemblent pas : chaque peuple, chaque tribu a ses propres intonations, son propre « accent ». Les femmes m'ont répondu. Elles m'ont toutes répondu. Et dans ce concert de youyous se mêlaient tous les accents de mon Soudan.

Les détenues du hoch de la prison pour femmes d'Oum Dourman m'ont réservé un accueil fastueux. Elles avaient entendu parler de mon histoire, elles étaient quand même étonnées de me voir parmi elles, moi la journaliste de Khartoum.

— C'est toi, la fille au pantalon ! me lançaient-elles en s'approchant pour me serrer dans leurs bras et m'embrasser

Elles savaient que, au-delà de ma personne, c'est pour elles toutes que je me bats.

Le hoch est un curieux lieu de détention : une vaste superficie en terre battue, vide de tout objet, sinon ceux qui appartiennent aux détenues, qui leur ont été apportés par leurs familles. Les plus chanceuses possèdent une couverture, parfois un coussin, d'autres un bout de tapis de jute élimé, la plupart sont assises et dorment à même le sol, leur thob leur servant d'unique protection. Je n'avais pas prévu de finir ma journée en prison, d'abord parce que je ne pensais pas que le verdict serait prononcé le jour même, d'autre part je supposais que je serais soit acquittée, ce qui aurait été une mesure de sagesse de la part des autorités, soit fouettée comme les autres. Le contenu de mon sac à main ne m'était d'aucune utilité dans cette situation, et l'heure des visites s'était achevée au moment où nous arrivions. Ces femmes du peuple, aussi pauvres qu'elles sont généreuses, ont été nombreuses à me proposer de partager leur couverture, leur bout de tapis. Nous commencions même à rire quand la geôlière est intervenue pour mettre un terme au brouhaha. Elle choisit le coin qui me serait désormais dévolu.

Le soleil se couchait et, tandis que la pénombre s'épaississait, l'iftar, le repas de rupture du jeûne, nous a été apporté. C'était un repas simple mais fort convenable, avec des portions généreuses de riz et de viande, des galettes de pain, une salade, du lait fermenté, des dattes, des rafraîchissements en quantité. L'iftar typique des familles soudanaises, loin de l'opulence mal placée des iftars ostentatoires offerts par les nouveaux riches et les caciques du régime. A vrai dire, j'étais fort surprise de cette délicate attention des autorités pénitentiaires, surprise aussi de la gentillesse des geôlières qui servaient les détenues avec un sourire, fournissaient une assiette ou un gobelet à celles qui étaient trop pauvres pour en posséder. J'allais même commencer à chanter les louanges des autorités quand j'appris l'origine de ce repas.

Depuis des années, me dit-on, lors du mois de ramadan, un bienfaiteur anonyme offre quotidiennement l'iftar à toutes les prisonnières d'Oum Dourman. Nul, à la prison, ne connaît son nom, il ne cherche pas à se faire connaître, mais seulement à être en paix avec son Dieu. Quelle différence avec nos dirigeants qui, lors du ramadan, jettent quelques dattes aux miséreux et se font escorter par des dizaines de journalistes et par les caméras de télévision ! J'ai supposé que cet inconnu devait être soufi ou proche des soufis.

Je me suis préparée, avec l'aide de mes nouvelles amies, à passer la nuit dans le hoch. Celles-ci avaient la main sur le cœur : elles me fournirent une couverture, un coussin, un thob neuf et confortable, et même un tapis de prière. J'ai pris place au milieu d'elles, par terre, moi qui me suis tant de fois assise sur le sol et dans des conditions autrement plus inconfortables au long de ma carrière de journaliste. Dormir à la belle étoile ne me déplaisait pas, au contraire. Et nous avons entamé la soirée, mes compagnes m'offrant des verres de thé et de café – que j'ai bus sans grimacer alors que je n'aime pas le café.

Je n'ai pas été surprise de découvrir que beaucoup parmi ces malheureuses étaient des vendeuses de thé, arrêtées dans la rue et condamnées, par une justice expéditive, à la flagellation et à une amende qu'elles étaient incapables de payer. Elles non plus n'avaient pas eu le droit de se défendre, elles non plus n'avaient pas eu le droit de se procurer une copie du jugement. Certaines étaient accompagnées de leurs enfants en bas âge, parce qu'elles n'avaient pas d'autre choix ni personne pour s'en occuper. Ou encore parce qu'elles avaient accouché en prison où une sage-femme est de permanence nuit et jour. J'ai eu, pour la première fois, une longue conversation avec une femme issue de ces tribus qui ont pour tradition la fabrication de l'alcool. Je l'ai découverte bonne musulmane, jeûnant, priant et confiant son sort à Allah. De toute façon, même si elle avait fait commerce de thé en lieu et place de l'alcool, elle aurait été arrêtée et jetée en prison. J'ai aussi reconnu l'une de nos anciennes voisines d'Oum Dourman, incarcérée pour une banale querelle de quartier. Je m'enquis des nouvelles de sa famille, elle me demanda des nouvelles de la mienne. Il faisait doux, ce soir-là. J'étais heureuse.

Les femmes ressassaient leurs histoires, qui rivalisaient en absurdité. Celle-ci avait été condamnée parce que son neveu qu'elle hébergeait avait reçu une collègue d'université. La police, qui avait fait irruption dans son pauvre domicile, ne les avait pas trouvés dans une position compromettante ; elle fut pourtant arrêtée pour animation d'un réseau de prostitution. Une autre flânait dans la rue : racolage. Des Ethiopiennes et des Erythréennes étaient enfermées pour défaut de titre de séjour. Une étudiante de dix-neuf ans, une chrétienne du Sud, avait été arrêtée pour port de pantalon, condamnée à vingt coups de fouet, et aussitôt fouettée. Son bourreau affirma qu'elle l'avait insulté pendant le supplice ; elle n'a pas eu le droit d'exprimer son point de vue, elle a été condamnée à trois mois de prison et à une amende importante. Elle a évidemment manqué son année universitaire.

Un certain nombre de détenues avec lesquelles je bavardais avaient été arrêtées en fin de semaine, c'est-à-dire un jeudi, un vendredi ou un samedi.

Trois jours durant lesquels, sauf exception gravissime, l'arrestation des hommes est interdite par la loi soudanaise, quand bien même existe à leur encontre un mandat d'arrêt, dûment signé et tamponné par les autorités. En revanche, la même loi autorise le moindre policier à arrêter dans la rue n'importe quelle femme qu'il considère enfreindre l'article 152 du code pénal, et à la conduire au commissariat. Elle y croupit en attendant le début de la semaine et la réouverture, le dimanche, des tribunaux, pour y être promptement jugée et condamnée. Dans ces commissariats, il advient que des hommes meurent sous les coups, pendant les interrogatoires. Cela laisse imaginer la torture que peuvent y endurer les femmes. Je n'ai personnellement aucune objection à ce que des individus soient arrêtés en fin de semaine ; il m'est cependant insupportable que seules les femmes puissent l'être dans ces périodes.

J'ai raconté mon histoire à ma voisine de couverture, elle me raconta la sienne, me révélant au passage le poids de la tradition sous lequel ploie encore notre société. La fille de cette femme avait signé, contre son gré, un contrat de mariage avec un cousin. Mais elle aimait un autre homme et, quelques jours avant la cérémonie marquant l'installation du couple sous un même toit, elle demanda à son mari de la répudier. Celui-ci refusa, il avait le soutien des parents de son épouse. Alors elle s'enfuit avec l'homme qu'elle aimait. Durant un an et demi, les deux fils de ma codétenue ont traqué leur sœur. Ils ont fini par la retrouver, ainsi que l'homme avec lequel elle s'était enfuie. Ils enchaînèrent le couple, le ramenèrent à la mère qui coupa les oreilles de l'amant avant de le conduire, avec ses deux oreilles dans la main, à la police. Tous trois furent condamnés à de très légères peines, je n'ai pas demandé quel fut le sort de la fille. Ma voisine de couverture n'a pas manqué de souligner que, dans d'autres tribus, l'usage aurait voulu que le couple soit tué, ce n'était pas le cas dans la leur. Je me suis abstenue de tout commentaire et j'ai bu le thé avec elle. Je croisais aussi des femmes condamnées par les « tribunaux des sultans », les tribunaux coutumiers des gens du Sud où chaque tribu est dirigée par un sultan. L'implantation de ces tribunaux au Nord a été autorisée face à l'afflux de réfugiés sudistes ; leurs condamnés rejoignent les prisons d'Etat. Ma « punition » se transformait en récompense : je découvrais la richesse d'un univers inconnu.

C'est alors que la geôlière est revenue, me demandant de ramasser mes affaires et de la suivre. Je n'avais pas le choix, je me suis exécutée après avoir dit au revoir à mes compagnes. Elle m'a conduite vers une première cellule partagée par huit prisonnières puis, la libération de la huitième ayant été retardée, vers une autre cellule où nous n'étions que trois. Le « public » des cellules est fort différent de celui du hoch, le confort aussi. Là où les sept cents détenues du hoch n'ont aucun ameublement et un seul téléviseur, et où les plus « riches », celles qui possèdent un poste de radio, en font bénéficier les autres, les cellules sont équipées de lits, de couvertures, de coussins et de ventilateurs ; les détenues y ajoutent des réfrigérateurs et des téléviseurs branchés sur les chaînes satellitaires. Mes nouvelles compagnes m'ont bien accueillie et offert le thé. Je me suis sentie remonter le temps, j'étais à nouveau au foyer d'étudiantes de Wad Madani, et, comme je le faisais au foyer, après avoir bu le thé, je me suis dirigée vers l'évier pour laver mon verre.

— Ne t'embête pas, la fille du ménage viendra demain, lâcha l'une des femmes.

La « fille du ménage » était, bien entendu, l'une des détenues du hoch qui, en échange de quelques piécettes bienvenues dans sa grande misère, se mettait au service de ces dames, pour la plupart des femmes d'affaires de Khartoum, arrêtées pour des délits financiers. La « fille » pouvait entrer à sa guise dans la cellule, puisque les portes, ici, ne sont jamais fermées à clé. Elle ne manquait d'ailleurs pas de venir s'enquérir des besoins de ces dames en se rendant ou en revenant de la mosquée située au bout de la véranda sur laquelle donnent les cellules.

Mes nouvelles compagnes étaient charmantes, mais je n'ai pas retrouvé à leur côté la chaleur que j'avais laissée au hoch. Elles avaient évidemment entendu parler de mon affaire, elles en avaient suivi les péripéties à la télévision. Je ne révélerai pas la méthode que j'ai utilisée pour joindre, ce soir-là, depuis la prison, le correspondant, au Soudan, d'une chaîne de télévision et d'une radio arabes. Je risque un jour d'en avoir à nouveau l'usage... Le fait est que je suis intervenue en direct sur cette télévision et sur cette radio, pour raconter la suite de mes péripéties. Je craignais, tout au long de l'interview, l'incursion des geôlières, il semble toutefois qu'elles ne regardaient pas les informations puisque j'ai pu aller jusqu'au bout de mes interventions, sans être interrompue.

Au moment de dormir, l'une de mes codétenues me demanda courtoisement si je voulais être réveillée pour la prière de l'aube ; je me suis excusée, j'étais trop fatiguée. Pourtant, à 3 heures du matin, mon réveil fut brutal : quatre femmes dont un officier et trois soldats m'ont tirée du lit et ont procédé à une fouille approfondie de mon matelas, de mon coussin, de tous les recoins de la chambre : elles cherchaient le matériel que j'avais utilisé pour les deux interviews. Leurs supérieurs les avaient probablement rabrouées, elles étaient de fort méchante humeur. Elles m'ont interrogée pendant une heure. Ma réponse ne variait pas :

— Ne perdez pas votre temps, je n'ai pas de téléphone portable. La technologie a évolué, et il y a bien d'autres moyens de communiquer.

Quand elles ont refermé la porte derrière elles, les prisonnières se rendaient en procession à la mosquée, pour la première prière de la journée. J'ai regretté de ne pas être restée au hoch, j'ai regretté de ne pas continuer à écouter leurs histoires.

A 7 heures, j'ai été de nouveau réveillée par l'appel. En attendant l'heure des visites, j'ai entrepris d'explorer ce lieu destiné à devenir mon univers pendant un mois, le temps de ma peine. Le hoch avait pris des allures de bazar, traversé de marchandes circulant entre les prisonnières avec leurs lots d'habits, d'huiles pour les cheveux et les journaux du jour, les vendeuses de thé étaient à l'œuvre, quelques gamins couraient entre les femmes étendues sur leurs couvertures. Je ne m'y suis pas attardée, me promettant cependant d'y revenir puisque j'en aurai largement le temps. J'ai traversé la véranda, longé les cellules, poussé la porte de la mosquée, celle de l'église, j'ai été jusqu'à l'atelier où les détenues qui le souhaitent viennent apprendre des rudiments de couture et quelques travaux d'artisanat.

Une grande tente était dressée dans la cour, je n'y avais pas vraiment prêté attention la veille ; elle était quasi déserte, j'y pénétrai. Je dois admettre que je suis restée perplexe à la vue des ustensiles sophistiqués disposés sur les plans de travail, destinés à la fabrication de gâteaux, petits fours et autres pizzas. L'installation avait été offerte par une société privée, avec comme objectif la réinsertion professionnelle des prisonnières. L'entreprise est louable, mais elle me fit irrésistiblement penser à la reine Marie-Antoinette qui, lors de la Révolution française, s'exclamait face aux hordes d'affamés : « S'ils n'ont pas de pain, qu'ils mangent de la brioche ! » Les femmes les plus pauvres, celles qui ont réellement besoin d'apprendre un métier, sont souvent privées d'électricité, chez elles et même dans leur entourage ; que pourront-elles faire d'un fouet ou d'une batteuse électriques, où trouveront-elles un four dont elles puissent régler la température au degré près ? Dans les régions où elles habitent, on ne sait pas si « vanille » est le nom d'un médicament ou d'un animal, et l'on n'a jamais entendu parler de pizzas. A supposer que, par miracle, elles réussissent quand même à confectionner petits fours et choux à la crème, qui donc viendrait les leur acheter ? Ces mets sont tellement éloignés de ceux que l'on goûte et apprécie dans leurs milieux ! D'ailleurs, ces femmes-là ne fréquentent pas l'atelier de pâtisserie et de boulangerie. Ce sont les geôlières qui s'y rendent parfois, ou alors les « dames » des cellules qui, à leur sortie, pourront ainsi animer les goûters entre amies.

J'ai été à la fois étonnée et amusée de l'effervescence caritative qui règne dans l'enceinte de la prison. Les médicaments, les habits et même la nourriture arrivent par lots entiers, adressés par des organisations de bienfaisance ou par des particuliers. Beaucoup de ces organisations sont étiquetées chrétiennes ou musulmanes ; les dons, eux, sont répartis sans aucune distinction de religion. Même les donatrices, me dit-on, qui viennent en personne apporter leurs lots, ne demandent jamais leur religion ni leur origine aux bénéficiaires. L'affaire peut sembler banale sous d'autres cieux ; au Soudan, elle est un signe d'espoir. J'ai vu aussi, et cela m'a profondément touchée, des donateurs offrir aux plus misérables l'inespéré : le montant de l'amende leur permettant de recouvrir la liberté. Ces amendes peuvent paraître dérisoires selon les critères occidentaux. Cinq cents livres, soit deux cents dollars pour le port d'un pantalon, moins pour la vente de thé, presque le double pour la fabrication d'alcool – le montant des amendes n'est pas fixe, il dépend tout simplement de l'humeur du juge. Or, cinq cents livres, c'est plus de mille thés pour celle qui en vend. C'est le salaire mensuel d'un instituteur à Khartoum – qui est mieux payé qu'un instituteur de province. C'est plus de deux mois de salaire pour ceux et celles qui travaillent dans les maisons, assurant ménage, cuisine et autres travaux du quotidien.

Ma tournée d'inspection de la prison s'est arrêtée avec le début des visites. Celles-ci se déroulent habituellement dans un parloir où le visiteur est enfermé derrière un grillage, le détenu est libre de ses mouvements dans la cour. Je n'ai pas eu droit à ce privilège : ma tante, des proches, des amis, se sont succédé dans un bureau de l'administration, et nos conversations se sont déroulées sous la surveillance d'une gardienne. Ils m'apportaient le nécessaire de la parfaite prisonnière : du savon, des couvertures à ne plus savoir qu'en faire, des coussins, des habits de rechange. J'appris que d'autres visiteurs avaient été refoulés à la porte, en particulier ma mère, interdite de visite à sa fille. Pourquoi ? Mystère. Je racontais à ceux qui avaient eu l'autorisation de me rencontrer ma nouvelle vie, ils étaient sidérés par mon enthousiasme.

En début d'après-midi, mon interrogatoire a repris, cette fois dans le bureau de la directrice de la prison, et en présence d'un haut responsable de l'administration pénitentiaire, venu spécialement de Khartoum.

— Je n'ai pas de téléphone, la technologie a évolué, renseignez-vous, leur lançais-je sur un ton de défi.

Je me suis ensuite enfermée dans mon silence, ils m'ont laissée regagner la cour après m'avoir prévenue de l'imminence de sanctions graves pour avoir enfreint les règles de la prison. Je n'ai pas résisté, à ce moment, à leur demander une copie du règlement interne, afin que je puisse m'y conformer.

J'appris plus tard qu'il avait été prévu de me faire purger le reste de ma peine à l'isolement.

J'ignore comment circulent les informations au Soudan, mais elles circulent très vite. La rue les connaît parfois avant même qu'elles ne soient diffusées par les médias. Depuis le milieu de la journée, la prison bruissait de rumeurs, et des détenues m'interpellaient et me félicitaient :

— Tu seras libérée avant le coucher du soleil.

Je n'en avais eu aucun écho, mon interrogatoire m'avait confirmé que ma libération ne serait pas proche, j'ai passé outre ces rumeurs.

Rappelée peu après dans le bureau de la directrice, je m'attendais à être notifiée de ma sanction, que je supposais sévère. Je suis restée interloquée en apprenant que j'étais libérée, par une ordonnance du tribunal. J'ai réclamé une copie de cette ordonnance, elle m'a bien sûr été refusée ; j'ai juste pu la voir, elle était signée par le juge qui m'avait condamnée. Intriguée, j'ai demandé si mon amende avait été payée ; la directrice m'assura que cela lui aurait été notifié.

Escortée de deux policières, je regagnai ma cellule pour ramasser mes maigres effets. La nouvelle s'était évidemment propagée : les autres détenues étaient là pour me dire au revoir. Je pensais rejoindre le portail d'entrée, que j'avais franchi la veille dans l'autre sens ; j'appris que j'avais une visite, une de plus. Probablement celle du propriétaire de la limousine noire garée dans la cour ?

Le président de la Fédération des journalistes m'attendait en effet dans le bureau que je venais de quitter, avec une délégation de cette même Fédération. Je les ai courtoisement remerciés de leur visite, j'ai décliné leur proposition de quitter la prison avec eux, dans la limousine.

— Je préfère partir par mes propres moyens, leur dis-je.

Il était certain que je les avais vexés. En toute innocence : j'ignorais que les caméras de la télévision d'Etat avaient été mobilisées pour immortaliser ma sortie dans cette voiture officielle. Je l'ai compris très vite quand, sortant de la prison à pied, mes effets sous le bras, je vis des policiers empêcher ces mêmes caméras de filmer.

Des collègues, à qui la visite avait été interdite, patientaient à la porte de la prison d'Oum Dourman, espérant quand même réussir à me rencontrer. Je suis repartie avec eux. Nous nous sommes rendus en cortège au siège du journal *Ajrass al-Hurriya*, où s'était organisé le comité qui m'a soutenue et a soutenu d'autres femmes avec moi, et où a été fondée l'association « Non à l'oppression des femmes ». En cours de route, j'appris que la Fédération des journalistes, cette Fédération totalement inféodée au pouvoir, avait payé le montant de mon amende, permettant ma libération. Quelle initiative dérisoire ! Les autorités pensaient-elles vraiment en finir ainsi avec « l'affaire Lubna al-Hussein » ?

Une conférence de presse était organisée au journal. Dans un discours devenu peut-être répétitif, j'ai remercié les autorités et le tribunal qui, en étirant les délais et les procédures, m'avaient pleinement donné le temps d'informer le monde de la réalité soudanaise. J'ai annoncé que ma bataille n'était pas terminée : ni ma bataille médiatique, ni ma bataille judiciaire puisque je fais appel de la décision de justice. Une bataille dont le but ultime est que le peuple soudanais, un peuple bon, généreux et pacifique, trouve enfin les dirigeants qu'il mérite.

J'ai été déclarée coupable de port de pantalon, mon casier judiciaire n'est plus vierge : il y est désormais précisé que j'ai porté atteinte aux mœurs publiques. Mais je ne comprends toujours pas quel crime j'ai bien pu commettre…

Epilogue

— Les vêtements que tu portes sont-ils indécents ?

Les yeux emplis de larmes, elle a répondu, la voix tremblante, à peine audible :

— Oui.

Elle aurait prononcé le même « oui » s'il lui avait montré du doigt le soleil, et demandé si le soleil est une galette de pain.

Son interrogatoire s'est limité à cette question. Il en a été de même pour les autres accusées. Il en est de même, depuis vingt ans, pour des dizaines de milliers d'accusées.

Elle est là, cette adolescente, devant son juge, sans avocat, dans un tribunal où les avocats ne sont pas les bienvenus, un tribunal qui n'a pas besoin de témoins, un tribunal qui n'envoie pas de convocation écrite. Un tribunal dont les seuls acteurs sont le juge, l'accusée et l'accusateur, ce dernier étant également celui qui a arrêté l'accusée ; il est le procureur si besoin en est, il est le seul témoin. L'accusée, elle, est le cadavre que dissèquent le juge et le policier.

Elle est debout dans la salle d'audience, seule devant les deux hommes. A la porte de la salle, un homme est assis par terre ; il a le dos courbé, écrasé par le poids de la scène. Il lève les mains au ciel :

— Allah, fais-leur subir ce qu'ils font subir à nos filles.

Il a répété trois fois cette prière. La sueur coule sur son visage en cette journée caniculaire. Nous sommes le 5 juillet 2009, à Khartoum.

Je suis passée près de lui, j'attends mon tour pour être interrogée, jugée. Est-ce de la sueur ou des larmes ? Je sais qu'Allah entend sa prière. Je lui parle, il sanglote :

— Son frère aîné allait la tuer. Par la grâce d'Allah, j'étais là.

Il me raconte son histoire. Les noces auxquelles il s'est rendu, avec ses trois filles, trois adolescentes, et ses deux plus jeunes fils. Le retour en taxi, les chansons égyptiennes qui se déversent du restaurant Oum Kalthoum, qui éclaboussent la rue. Est-ce un disque ou un chanteur en chair et en os ? Disque ou chanteur ? Les filles ne sont pas d'accord, elles ont parié entre elles une recharge de téléphone portable, une petite recharge à quatre dollars. Il a accepté de faire arrêter le taxi quelques minutes, le temps qu'elles rentrent au Oum Kalthoum avec leurs deux frères, voir laquelle a gagné le pari. A-t-il attendu quelques secondes ou quelques minutes ? La police de l'ordre public a débarqué en force. Elle a bloqué les accès au Oum Kalthoum. Plus tard, beaucoup plus tard, il était encore dans le taxi. Deux de ses filles sont sorties, avec leurs frères. La troisième portait, ce soir-là un pantalon.

Pour un pari à quatre dollars, elle a été condamnée à une amende de cent dollars et dix coups de fouet. Son fiancé l'a quittée. Son frère a voulu la tuer. Elle a été arrêtée en même temps que moi, condamnée deux jours plus tard. Elle ne s'en remet toujours pas.

Telle est la loi qui s'applique au Soudan. La loi à Khartoum. Je n'évoque même pas les lois qui s'appliquent aux femmes du Darfour...

Nos lois, si on peut les appeler des lois, ne se limitent pas à l'article 152 du code pénal de 1991, qui tarife le port du pantalon à quarante coups de fouet. Il existe tant d'autres articles étranges dans ce code, lui-même assorti d'addenda sur la manière de couper le nez, d'amputer la jambe, de trancher le sexe, de casser le bras ! L'article 148 punit les homosexuels de cent coups de fouet, exactement le même « prix » que pour les violeurs – soit « deux pantalons et demi ». Quant au tarif de l'amour entre deux adultes consentants mais non mariés, il est très élevé : la lapidation. L'article 154 est très étrange : il considère que tous les hommes et toutes les femmes présents dans un même lieu sans être liés par le mariage ou par le sang sont en état de péché, dans la mesure où l'un des hommes « pourrait pratiquer un acte sexuel ». Mais là, nous sommes aux confins de l'absurde. Au royaume d'Ubu.

La bataille sera ardue, mais elle n'est pas perdue d'avance. J'ai gagné la première manche quand j'ai gagné la société, quand je lui ai ouvert les yeux : ces femmes ne sont pas des coupables, elles sont des victimes. Ces femmes ne sont pas mauvaises, elles ne sont pas obscènes, c'est la loi qui est mauvaise et obscène.

Les procès de femmes dans les tribunaux de l'ordre public occupaient hier, au mieux, un tout petit espace dans les pages de chroniques judiciaires des journaux, sauf si la femme était connue. Aujourd'hui, les procès de femmes occupent la première page, même quand ces femmes sont anonymes. Hier, quelques lignes dénonçaient l'obscénité des condamnées. Aujourd'hui, des articles dénoncent l'obscénité de la loi et celle de l'institution judiciaire. Hier, les familles croulaient sous la honte. Aujourd'hui, elles croulent souvent sous les messages d'appui et de solidarité.

Le changement ne se fera pas du jour au lendemain ; c'est un long chemin, mais nous nous y sommes engagés. Un pas après l'autre, nous sortirons de l'extrémisme, de l'intégrisme, nous atteindrons le but qui n'est pas le droit de porter un pantalon, mais le droit à la liberté, à commencer par la liberté de se vêtir. Le but est la fin de l'oppression des femmes. Il est le droit à l'égalité devant la justice, le droit à une vraie justice, le droit, même pour un criminel, de se défendre. Il est la mise en conformité de la loi avec la Constitution, avec les Droits de l'homme, et même avec la religion. Car notre loi porte atteinte à la religion en inventant des textes qui n'existent pas. Ni le Coran ni les hadiths ne parlent de châtier la manière de se vêtir. Et si notre Etat s'intéresse tant à ce sujet, pourquoi ne désignerait-il pas, tant qu'à faire, un ministre de l'Habillement et de la Couture, comme il existe un ministre de l'Agriculture ou un ministre du Pétrole...

J'ai porté plainte contre le président du Parlement soudanais. Il m'avait nommément citée dans un entretien à un journal où il précisait que l'article 152 du code pénal s'applique à Khartoum et dans quelques autres préfectures, non dans le reste du Soudan. Dans cet entretien, il affirmait que mon comportement, lors de mon arrestation, était indécent et que mon habillement portait atteinte aux bonnes mœurs et aux valeurs soudanaises. Or, j'ai entamé une procédure d'invalidation de mon procès, et son intervention peut influer sur le cours de la procédure. La suite de cette affaire ? Elle est risible. Je me suis rendue au Parlement, j'y ai pénétré avec ma carte de presse, j'ai expliqué ma démarche aux députés présents. Depuis, les journalistes, surtout les femmes, sont soumis à un contrôle draconien à la porte du Parlement. Quant à ma plainte, elle a été rejetée, en raison de l'immunité dont bénéficie le président du Parlement. Elle a été provisoirement rejetée : j'entame les recours pour la levée de son immunité.

Je dois y parvenir. Sinon, à quels murs se heurteront les victimes du Darfour quand elles voudront, elles aussi, porter plainte contre de hauts responsables de l'Etat pour les déportations, les viols, les meurtres et autres crimes contre l'humanité qu'elles ont endurés ? Il est des cas où les murs de l'immunité doivent forcément finir par céder.

Le 22 octobre 2009, au tribunal de l'ordre public de Khartoum, elles étaient deux. Deux ingénieurs. Elles avaient été arrêtées en même temps que moi au Oum Kalthoum, leur procès avait été différé parce qu'elles avaient un avocat. En entendant sa condamnation, la première s'est écroulée devant le juge. Des femmes étaient autour d'elle, elles l'ont relevée, ont essuyé ses larmes.

La bataille doit se poursuivre. Parce que ces larmes ne doivent plus jamais couler.

Je vis sous la menace d'une nouvelle arrestation, d'une nouvelle condamnation, mais je n'ai pas peur. Pourquoi m'arrêterait-on ? Au Soudan il faut plutôt demander pourquoi ne m'arrêterait-on pas ? Le 30 octobre 2009, je prenais un thé chez une marchande de rue avec Djénane Kareh Tager, qui m'a aidée à écrire ce livre. Le soleil n'était pas encore couché, un photographe qui nous accompagnait prenait des clichés de la vendeuse de thé à qui j'avais demandé l'autorisation. Un responsable de la sécurité d'Etat, vêtu de la robe blanche traditionnelle et non d'un uniforme, s'est approché en colère, nous interdisant de prendre des photos. Je lui ai demandé quelle est la loi qui interdit de photographier.

— Je suis colonel !

Telle fut sa seule réponse, comme si son titre tenait lieu de loi.

— Tu veux faire danser le gouvernement, a-t-il ajouté en pointant son index sur moi.

Il a appelé une patrouille de police qui se trouvait étrangement sur place, prête à intervenir. Elle est intervenue brutalement, m'a conduite au commissariat. Il m'a accusée :

— Elle a dit qu'elle veut faire danser le gouvernement.

Trois chefs d'accusation ont été portés contre moi : j'avais pris des photos, j'avais porté atteinte au gouvernement, et j'avais menacé l'ordre public. En l'absence d'un texte de loi, la première accusation a été abandonnée. Pour ce qui est des deux autres, je me suis tournée vers les hommes qui m'avaient arrêtée :

— En votre âme et conscience, et devant Allah, ai-je prononcé cette phrase ?

Je suis probablement tombée, cette fois, sur de braves gens qui ont refusé de prêter serment. J'ai été libérée au bout de trois heures d'interrogatoire et de négociations, mais je sais que d'autres hommes prêteront serment, eux, sur tout ce qui leur sera demandé.

Je suis menacée. Probablement menacée de mort. Et alors ? Me retranchera-t-on un jour à la durée de vie qu'Allah m'a accordée ? Tant pis. Dans ce cas, je suis prête à mourir pour mon combat.

Table

Préambule 7

1. Mon pantalon 9
2. Oum Dourman, une enfance soudanaise 30
3. La fin d'un monde 54
4. Wad Madani ou la quête de la liberté 74
5. Non ! 94
6. Abdel-Rahman 113
7. Histoires de femmes et de vêtements 142
8. 40 coups de fouet pour un pantalon 164
9. Retour à Oum Dourman 194

Epilogue 217

Cet ouvrage a été imprimé en France par

CPI
Bussière

à Saint-Amand-Montrond (Cher)
en novembre 2009

Composition et mise en page

NORD COMPO
multimédia

N° d'édition : 14491. — N° d'impression : 093202/1.
Dépôt légal : novembre 2009.